国家安全
法律知识简读

吴克勤 编著

红旗出版社

图书在版编目（CIP）数据

国家安全法律知识简读 / 吴克勤编著. -- 北京：红旗出版社, 2024.4（2025.5重印）
ISBN 978-7-5051-5411-7

Ⅰ.①国… Ⅱ.①吴… Ⅲ.①国家安全法－中国－学习参考资料 Ⅳ.① D922.144

中国国家版本馆 CIP 数据核字（2024）第 065940 号

书　　名	国家安全法律知识简读			
编　　著	吴克勤			
责任编辑	吴琴峰　徐娅敏	责任印务	金　硕	
责任校对	吕丹妮	封面设计	高　明　季承军	
出版发行	红旗出版社			
地　　址	北京市沙滩北街2号	邮政编码	100727	
	杭州市体育场路178号	邮政编码	310039	
编辑部	0571-85310467	发行部	0571-85311330	
E－mail	359489398@qq.com			
法律顾问	北京盈科（杭州）律师事务所　钱　航　董　晓			
图文排版	浙江新华图文制作有限公司			
印　　刷	浙江海虹彩色印务有限公司			
开　　本	710毫米×1000毫米　1/16	插　页	2	
字　　数	200千字	印　张	12.75	
版　　次	2024年4月第1版	印　次	2025年5月第2次印刷	
ISBN 978-7-5051-5411-7		定　价	42.00 元	

自序

"家是最小国,国是千万家,在世界的国,在天地的家,有了强的国,才有富的家……国是我的国,家是我的家,我爱我的国,我爱我的家……"国家安全,是国家生存和发展最基本、最重要的前提;保证国家安全,是我们党巩固执政地位,团结带领全国各族人民坚持和发展中国特色社会主义的头等大事。党的十八大以来,在以习近平同志为核心的党中央的坚强领导下,我国国家安全得到了全面加强,为国家兴旺发达、长治久安提供了有力保证。当今世界,和平与发展仍是主流,但世界并不太平。人类社会遭遇百年未有之大变局,在复杂多变的国际背景下,面对我国安全环境出现的新特点、新变化,面临的新威胁、新挑战,习近平总书记反复强调全党、全军、全国各族人民,要增强忧患意识,做到居安思危!

实现中华民族伟大复兴是近代以来全体中华儿女的追求和梦想,然而在筑梦圆梦的征途上,注定充满着荆棘和坎坷。中华民族伟大复兴,绝不是轻轻松松、敲锣打鼓就能实现的。实现伟大梦想,就必须进行具有许多新的历史特点的伟大斗争,其中就包括为实现中国梦筑牢安全保障的伟大斗争。如果国家安全保障跟不上,中华民族伟大复兴的道路就会加倍曲折和坎坷,甚至可能半途夭折。进入新时代,我们的国家整体发展了、经济建设发达了、人民生活富庶了,但是"树欲静而风不止",面对中国人民日新月异奔小康的步伐和不可逆转和平崛起的态势、蒸蒸日上民族复兴的大业,不是所有人都欢欣鼓舞、拍手称快的。早在10

多年前，也就是2011年，时任美国总统奥巴马在接受澳大利亚记者采访时曾经说："如果中国的十多亿人过上和美国人一样的生活，对于地球来说，那将是一场灾难，地球根本承受不了。"显然，在美国总统看来，中国人民富裕起来对美国和澳大利亚这样的发达国家是一种极其可怕的威胁，奥巴马甚至把中国人民追求富裕生活和地球生存联系起来，将之描绘成对整个人类和地球的威胁。帝国主义者们从来就不愿意看到中国的发展和强大，从来都不愿意中国人民腾达和幸福。于是，美国在其内外交困下推行的"亚太再平衡战略"，把中国视为全球最大的竞争对手，对我国的建设发展实施全方位的遏制、围堵和打压便紧锣密鼓地拉开了序幕。继奥巴马之后，无论共和党当家的特朗普政府抑或民主党执政的拜登当局，皆不断对我国实施贸易战、科技战，从经济上的"脱钩""断链"，到军事上的拉帮结派、施压恐吓，无所不用其极……世界进入了百年未有之大变局，我国的国家安全环境出现了一系列新特点、新变化，面临着新威胁、新挑战。

历史证明，一个缺失国家安全意识的民族只能被动挨打，遑论实现发展，崛起和复兴更无从谈起。近代史上的惨痛教训告诉我们，失去国家安全保障，中华民族就无法掌握自己的命运。风险和挑战，更加凸显了当下维护国家安全的现实紧迫性。党的二十大报告指出："前进道路上仍然存在可以预料和难以预料的各种风险挑战。"事实上，进入新时代，我国面临更为严峻的国家安全形势，外部压力前所未有，传统安全威胁和非传统安全威胁相互交织、叠加，时代发展和形势变化都对做好国家安全工作提出了更高要求。应该看到的是，与形势任务要求相比，我们应对各种危及国家安全重大风险的能力尚不强，维护国家安全的统筹协调机制尚不健全，相较于经济的快速发展，我国公民的国家安全意识教育相对滞后。为此，必须动员全社会的力量，通过加强国家安全观教育、爱国主义教育、主权意识教育、公民国家责任教育、法律意识教育等方式，牢固树立国家利益和国家安全高于一切的民族集体认同，将国家安全教育纳入国民教育体系和公务员教育培训体系，扩大国家安全意识教育的社会覆盖面，积极应对信息时代挑战，培育公民的网络信息安全意识，增强全社会的反奸防谍国家安全意识；依法维护国家安全等一系列重要任务已经刻不容缓地摆在我们面前，成为维护国家安全的当务之急。正是出于这样的认识和初衷，本书的编著和出版显得珍贵且恰逢其时，过程中得到了中共海南省委国家安全委员会、江苏省扬州市国家安全局等专门机关领导的高度重视、帮助、支持和指点。

本书以面向社会大众，努力适应不同群体的阅读和学习需求为要，以"总体国家安全观"为统领，全面讲述"国家安全是什么""为什么要维护国家安全""怎样实现国家安全"，以及"公民维护国家安全的法定义务和权利"。本书前三章围绕每一个知识点，分别从"援引法条原文""立法背景及相关知识""法条解读"以及相关案例等不同层面予以阐述。本书坚持融会贯通、层层递进，力求知识体系的科学性、完整性，坚持深入浅出、通俗易懂，力求文字表述的可读性、直白性。鉴于本次出版任务在时间上的紧迫性，更受自身能力和水平的局限，本书一定存有不足和错误之处，恳请各位读者批评指正。

古语有云："生于忧患，死于安乐。"希望本书能够有助于包括各级各类学校莘莘学子在内的全体公民认清国家安全形势、增强危机忧患意识、树立国家安全观念；有助于读者真正弄懂国家安全工作的理论知识、实践规范、程序要求和实体内容在法律层面的规定。在不断开展常态化的国家安全专项教育学习过程中，凝聚起全民族的国家安全意识，实现人民安居乐业，社会和谐稳定，国家长治久安，民族兴旺繁荣。

2024年1月10日

目录 CONTENTS

1 第一章
国家安全基本知识

- 2 第一节 国家安全的定义
- 5 第二节 全民国家安全教育日活动
- 8 第三节 国家安全的根本遵循（总体国家安全观概述）

29 第二章
维护国家安全的基本任务

- 30 第一节 关于"政治安全"
- 35 第二节 关于"人民安全"
- 39 第三节 关于"国土安全"
- 47 第四节 关于"军事安全"
- 52 第五节 关于"经济安全"
- 59 第六节 关于"金融安全"
- 66 第七节 关于"资源能源安全"
- 73 第八节 关于"粮食安全"
- 82 第九节 关于"文化安全"
- 90 第十节 关于"科技安全"
- 96 第十一节 关于"网络信息安全"
- 104 第十二节 关于"民族领域安全"
- 108 第十三节 关于"宗教领域安全"

112	第十四节	关于"社会安全"
117	第十五节	关于"生态安全"
122	第十六节	关于"核安全"
126	第十七节	关于"新兴领域安全"
134	第十八节	关于"海外利益安全"

139 第三章
维护国家安全的法定义务和权利

140	第一节	关于法定义务
150	第二节	关于法定权利

161 第四章
公民维护国家安全必读法律法规选录

162	第一节	现行国家安全主要法律法规名录
165	第二节	《中华人民共和国反间谍法》重点内容解读
171	第三节	《中华人民共和国国家情报法》重点内容解读
176	第四节	《中华人民共和国反恐怖主义法》重点内容解读
182	第五节	《中华人民共和国网络安全法》重点内容解读
187	第六节	《中华人民共和国境外非政府组织境内活动管理法》重点内容解读
190	第七节	《中华人民共和国核安全法》重点内容解读

193 参考书目

195 后记

第一章
国家安全基本知识

"备豫不虞，为国常道。"习近平总书记高度重视国家安全，围绕国家安全理论创新和实践创新发表一系列重要论述，把我们党对国家安全的认识提升到了新的高度和境界。他在2014年的中央国家安全委员会第一次会议上指出："我们党要巩固执政地位，要团结带领人民坚持和发展中国特色社会主义，保证国家安全是头等大事。"在党的十九大报告中他又指出："国家安全是安邦定国的重要基石，维护国家安全是全国各族人民根本利益所在。"在主持十九届中央政治局第二十六次集体学习时他再次指出："国家安全工作是党治国理政一项十分重要的工作，也是保障国泰民安一项十分重要的工作。""保证国家安全是头等大事"这一重要判断，对我们深刻理解国家安全在党和国家工作大局中的极端重要性具有很强指导性。

学习掌握国家安全法律知识，依法履行维护国家安全责任和义务，是我们努力争当新时代合格公民的必然要求。

第一节
国家安全的定义

一、援引法条原文

国家安全是指国家政权、主权、统一和领土完整、人民福祉、经济社会可持续发展和国家其他重大利益相对处于没有危险和不受内外威胁的状态，以及保障持续安全状态的能力。

（本法条源自《中华人民共和国国家安全法》第二条。其内容是对于"国家安全"作出定义。）

二、立法背景及相关知识

一般理解的国家安全，既指一个国家免于被攻击乃至被消灭的恐惧、担心，没有严重内外危险和威胁的状态，也指公民普遍存在的安全的感觉，国家客观上不存在威胁，公民主观上因此不存在恐惧的状态。

20世纪以来，特别是第二次世界大战后，"国家安全"一词逐渐被广泛使用。

最早使用"国家安全"一词的成文立法是美国1947年通过的《国家安全法》。"国家安全"概念最初主要涉及国家的军事、政治和外交斗争，传统的国家安全观注重国家面临的军事威胁及威胁国际安全的军事因素，把军事安全视为国家安全的核心。后来，国家安全逐渐扩展到非传统安全领域，包括反恐怖袭击、经济安全、信息安全、生态安全、防止核扩散，甚至打击走私贩毒、跨国犯罪等。2001年的"9·11"事件后，反恐及保卫国土安全成为美国国家安全的第一要务，2002年的《美国国家安全战略报告》称恐怖主义是美国的首要威胁；恐怖主义与大规模杀伤性武器的结合是严重威胁，美国把对这些威胁进行先发制人的打击作为国家安全战略的基石。2010年的《美国国家安全战略报告》强调经济、教育、科技、能源、核扩散、互联网与太空活动对国家安全的影响。近年来，美国特别强调网络安全，可见美国国家安全定义的外延不断扩大，涵盖的领域越来越广泛。

俄罗斯对"国家安全"亦有自己的定义。1996年俄联邦总统所作的《关于国家安全》的报告中将"国家安全"定义为国家利益免受内外部威胁的受保护状态，这一状态能够确保个人、社会和国家向前发展。2009年的《俄罗斯联邦2020年前国家安全战略》报告称"国家安全"是个人、社会和国家既没有内部危险，也没有外部威胁，公民的宪法权利、自由及应有生活质量和水平，以及俄罗斯联邦主权、领土完整、持续发展、国防和国家安全因而得到保障的一种状态。

事实上，当今世界各主权国家都根据自己的国情，对自己的国家安全进行着法律上、政治上的定义。

三、法条解读

（一）维护国家安全的核心是维护国家核心利益和其他重大利益的安全

各国对"国家安全"的内涵和外延的认识并不统一，甚至可以说存在很大的差异。但不管差异有多大，维护国家安全的核心是维护国家核心利益和其他重大利益的安全，有的国家把它称为"生死攸关的利益""极端重要的利益"，包括国家的生存、独立和发展等。我国自然也要根据我国面临的具体的国家安全状况，对"国家安全"作出符合我国实际的定义，我国立法首先要维护的是中国国家核心利益和其他重大利益。我们坚持走和平发展道路，但决不放弃我们的正当权益，决不牺牲国家核心利益。2011年9月6日中国政府发布的《中国的和平发展》白皮书对国家的核心利益作了明确阐述，《中华人民共和国国家安全法》（以下简称《国家安全法》）对此予以重申，即明确我国的"国家安全"首先是指核心利益的安全，包括国家政权、主权、统一和领土完整、人民福祉、经济社会可持续发展，其次是包括国家其他重大利益的安全。

2014年4月，中央国家安全委员会第一次全体会议提出了总体国家安全观这一全新的战略思想，这是新时期中国共产党维护国家安全的根本方针政策。根据总体国家安全观的要求，《国家安全法》规定了十几个领域维护国家安全的具体任务，既包括政治、军事、国土传统安全，也包括经济、文化、社会、科技、信息、生态、资源、核安全这些非传统安全，还包括外层空间、国际海底区域和极地这些新兴领域的安全，以及中国海外利益的安全。可以说《国家安全法》对国家安全领域的规定是全面的、立体的。

（二）国家安全既包括安全状态也包括维护国家安全的能力

当今世界，威胁国家安全的因素永远不可能根除，因此国家安全是指一种相对的安全。强调"相对处于没有危险和不受内外威胁的状态"，就是要通过不断加强自身安全能力建设，不断克服和防范不安全因素对国家造成实质性危害。我们既强调国家安全的状态，也强调不断提升维护国家安全的能力，加强维护国家安全的能力建设。《国家安全法》在第五章中专门对"国家安全保障"作出了规定，就加强国家安全能力建设提出了具体要求。显然，一国国家安全的状态不断影响并决定着国家安全能力建设的需求，而一国国家安全的能力建设水平体现和反映着该国的国家安全状态。两者互为依托，相辅相成。

我国在强调维护我国国家安全的同时，还强调"维护共同安全和世界和平，不对其他国家和国际社会构成安全威胁"，充分体现了我国在国际舞台上负责任大国的形象和热爱和平的民族精神。

第二节
全民国家安全教育日活动

一、援引法条原文

每年4月15日为全民国家安全教育日。

(本法条源自《中华人民共和国国家安全法》第十四条。其内容是对于设立全民国家安全教育日的明文规定。)

二、立法背景及相关知识

根据立法惯例,由全国人大常委会直接设立全国性的节日纪念日、活动日,有三种方式:一是以法律规定的方式设立。如1990年通过的《中华人民共和国残疾人保障法》设立了全国助残日,并规定具体日期为每年5月的第三个星期日;2012年修订的《中华人民共和国老年人权益保障法》设立了老年节,并规定具体日期为每年农历九月初九。二是先以法律规定的方式设立,然后根据法律规定就具体日期作出决定。如全民国防教育日,先是2001年4月通过的《中华人民共和国国防教育法》作出关于设立全民国防教育日的决定,后又在同年8月由全国人大常委会明确了国防教育日的具体日期。三是以决议的方式设立。如1979年2月23日,第五届全国人大常委会第六次会议作出决议,规定3月12日为我国的植树节。2014年2月27日,第十二届全国人大常委会第七次会议将9月3日确定为中国人民抗日战争胜利纪念日,将12月13日确定为南京大屠杀死难者国家公祭日。2014年11月,第十二届全国人大常委会第十一次会议将12月4日确定为国家宪法日。

改革开放40多年来,随着我国综合国力不断提升,全社会的物质和精神生活都得到很大程度的改善,但是全民国家安全意识并未完全与之同步提高,在某些方面和层面甚至可以说有所淡薄和退步。一些群众和部分党政领导干部忘记了"生于忧患，死于安乐"的古训，忘记了"国家安全，人人有责"的要求。因此，有必要在法律中规定全民国家安全教育日，通过定期宣传教育活动，提升全社会国家安全意识，时刻绷紧国家安全这根弦。

我国以法律形式确立全民国家安全教育日，并且明确了具体日期，使得这个活动日更具权威性和严肃性，也彰显了国家安全对于国家和民族的重要意义。

三、法条解读

设立全民国家安全教育日，是《国家安全法》作出的一项重大规定。以法律形式专门为全社会开展国家安全宣传教育确立一个活动日，十分必要。这项规定充分体现了党和国家对加强新形势下国家安全教育的高度重视，也符合广大人民群众的意志和心愿。

关于全民国家安全教育日的日期选择，大家的认识也十分统一。2014年4月15日，中央国家安全委员会第一次全体会议召开，在这次会议上，中共中央总书记、国家主席、中央军委主席、中央国家安全委员会主席习近平同志提出了"总体国家安全观"重大战略思想，为新形势下维护国家安全工作确立了重要遵循。这是我国国家安全工作中的一件大事，也是党和国家事业发展中的一件大事。4月15日，是一个具有重要里程碑意义的日子，因此将其确立为全民国家安全教育日，今后每年这个时间都要开展形式多样的宣传教育活动，在全社会营造时刻不忘国家安全的良好氛围。事实证明，全民国家安全教育日活动的全面开展和不断深入，有利于极大地提升全体公民尤其是广大青少年维护国家安全的思想觉悟和综合能力，由此，为维护我国的国家安全不断奠定了坚实的基础，提供了可靠的保证。

● **阅读链接**

> ◆ **一位渔民的国家安全意识**
>
> 黄运来是海南岛上的一位渔民，2012年在近海捕鱼的时候捞到一枚"鱼雷"。黄运来当场用手机拍下照片，发给了海南省国家安全厅的工作人员。经查，它是一个缆控水下机器人，造型轻便，性能先进，功能强大，既能搜集我国重要海域内各类环境数据，又能探测获取我国海军舰队活动动向，实现近距离侦察和情报收集。这警示我们，所有公民和组织都应该提高维护国家安全的意识，肩负起维护国家安全的责任。（来源：人民出版社2020年版《国家安全知识百问》。作者：《国家安全知识百问》编写组）

第三节
国家安全的根本遵循
（总体国家安全观概述）

国家安全是安邦定国的重要基石，维护国家安全是全国各族人民根本利益所在。总体国家安全观是党的十八大以来，以习近平同志为核心的党中央对国家安全理论的重大创新，是习近平新时代中国特色社会主义思想的重要内容，体现了党和国家奋力开创国家安全工作新局面的战略智慧和使命担当，是新时代建立健全国家安全法治体系，实现中华民族伟大复兴的指导思想和理论基础，具有重大的时代意义、理论意义和实践意义。因此，总体国家安全观为维护和塑造中国特色大国安全提供了根本遵循。

一、总体国家安全观的形成背景

总体国家安全观的形成，既有客观的现实需求，也有深厚的思想土壤，反映了我国国家安全工作面临的新形势、新任务。

面对错综复杂的国际环境和艰巨繁重的国内改革发展稳定任务，中国共产党带领全国各族人民顽强拼搏、开拓创新，奋力开创了党和国家事业发展的新局面。我国的经济实力、科技实力、国防实力、国际影响力又上了一个新台阶。在经济方面，经济结构优化，发展动力转化，发展方式转变。在科技方面，一批重大科技成果已达到世界先进水平。在国防方面，强军兴军成就显著。在外交方面，全方位外交取得重大进展，对外开放不断深入。与此同时，城镇化水平稳步提高，居民收入不断增长；依法治国得到加强，廉政建设明显改观；开展社会主义核心价值体系建设，国家文化软实力不断增强。

同时，我国也面临多重挑战。作为世界上最大的发展中国家，我国人均国内生产总值的世界排名不高，发展中的不平衡、不协调、不可持续问题依然突出，城乡发展差距和居民收入差距依然较大。科技创新能力不强、产业结构不合理、农业基础薄弱，部分行业产能过剩，重大安全事故频发。基本公共服务供给不足，人口老龄化加快，消除贫困任务艰巨。法治建设有待加强，领导干部的思想作风和能力水平有待进一步提高，党风廉政建设和反腐败斗争形势依然严峻。在一些地区，群体性事件时有发生，加之境外势力的渗透，维护社会和谐稳定和国土安全的任务艰巨。再加上环境污染和资源高消耗问题，我国的生态安全和资源安全也面临着严峻挑战。这些矛盾叠加，风险隐患与危险挑战增多，要求我们必须不断开拓国家安全工作新局面、新境界。

当今世界正发生广泛深刻的变化，新机遇与新挑战层出不穷。各种国际战略力量不断分化组合，国际体系加速演变调整。世界经济在曲折复苏，新一轮科技革命和产业变革蓄势待发，全球治理体系深刻变革，这些都影响着国家面临的安全挑战以及维护国家安全的方式。世界大战暂时不会出现，但局部战争威胁一直存在。民族宗教矛盾、边界领土争端复杂多变，冲突不止、危机频发仍是一些地区的常态。非传统安全威胁上升，引发国际社会高度重视。各国已就气候变化、恐怖主义、网络安全、能源与粮食安全、经济发展、金融危机、重大传染性疾病等全球性挑战，在联合国这一平台开展各种国际合作。在应对地区冲突、环境恶化、自然灾害等原因导致的人道主义问题的过程中，世界各国和国际组织的解决能力在不断加强。我们在分析世界格局变化，充分估计国际斗争和矛盾的尖锐性、国际秩序重建的长期性的同时，也要看到世界和平与发展的时代主题、国际体系变革方向不会改变。

中国与世界的关系正发生历史性变化。自加入世界贸易组织（WTO）以来，我国逐步成为全球最大贸易国，是日本、俄罗斯、韩国等国家的最大贸易伙伴。同时，我国对外投资规模也迅速扩大。在能源等大宗商品的进口上，我国对外部的依赖性与日俱增。随着我国国家利益迅速拓展，海外中国公民的人身及财产安全，国家在境外的政治、经济及军事利益，驻外机构及驻外公司企业的安全，对外交通运输线及运输工具安全，等等，成为维护国家安全的重要目标。我国还积极参加地区和全球安全的治理。中国是联合国安理会常任理事国，也是派遣维和人员最多的国家。我国海军在亚丁湾执行护航任务，为维护国际航道安全作出重要贡献。在解决气候变化、核扩散等地区与全球性问题过程中，我国发挥了不可替代的作用。我国提出共同建设"一带一路"倡议，倡导建立金砖国家新开发银行、亚洲基础设施投资银行，推动建立以合作共赢为核心的新型国际关系，在与世界一道前进的潮流中赢得了统筹发展与安全的战略主动。

应该认识到，我国作为一个发展中大国，仍面临多元复杂的安全威胁，生存安全问题和发展安全问题、传统安全威胁和非传统安全威胁相互交织。周边安全环境复杂多变，既有海洋权益争端，又有陆地领土争端。民族分裂主义、敌对势力颠覆活动等因素造成威胁，"台独"势力及其分裂活动威胁到台海局势稳定，其他分裂势力不甘沉寂，各种反华势力对国家统一的威胁仍然存在。非传统安全威胁不容忽视，国际和地区局势动荡、恐怖主义、海盗活动、重大自然灾害和疾病疫情、海外能源资源战略通道安全以及海外利益安全等问题凸显。因此，我国应增强危机意识和忧患意识，充分评估外部环境的各种安全风险和挑战。

从传统上看，我国数千年来，和平、和睦、和谐的"和文化"追求深深扎根于中华民族的精神世界之中。古代的政治家大多遵循"恩威并施、以恩为本"的规训，在"战"与"和"的选择中总体倾向于"和"，在"和""恩""德""礼"的教化影响下，推动了民族融合，并使之接近理想目标"天下太平、世界大同"。中国古人处理"中国"与"周边国家"关系的实践，被称为"朝贡体系"。这种模式下，我国崇尚"礼仪之邦""厚往薄来"，与周边关系和睦，多不干涉周边国家内政。古代安全战略思想在今天仍有现实意义。

1949年以后，我国始终重视国家安全问题，形成了不同时期的国家安全战略思想。中华人民共和国成立后，我国明确了国家安全的首要任务是保卫社会主义政权、国家独立以及国家主权和领土完整，重视国防建设的经济基础，认为"只有经济建设发展得更快了，国防建设才能够有更大的进步"[1]；在注重主权安全的同时也强调国际主义，在国际关系中提出"和平共处五项

---

[1] 毛泽东，《毛泽东文集》（第七卷），人民出版社1999年版，第27页。

原则"——互相尊重主权和领土完整、互不侵犯、互不干涉内政、平等互利、和平共处。20世纪80年代中后期,邓小平同志提出,世界战争危险不再迫近,和平与发展是世界的两大主题。邓小平同志认为,国家安全不仅包括军事和政治安全,也包括经济和科技等安全,要高度重视国内的内部安全:"中国的问题,压倒一切的是需要稳定。没有稳定的环境,什么都搞不成,已经取得的成果也会失掉。"[①]20世纪90年代之后,党中央提出新安全观,逐步将其确立为我国解决国际安全问题的核心理念。江泽民同志指出:"反对一切形式的霸权主义和强权政治。国际社会应树立以互信、互利、平等、协作为核心的新安全观,努力营造长期稳定、安全可靠的国际和平环境。"[②]这种新安全观意味着,各领域安全、国内安全与国际安全相互联系,不可分割。进入21世纪后,党中央提出构建和谐世界的主张。胡锦涛同志提出:"用更广阔的视野审视安全,维护世界和平稳定。"[③]总体上看,新安全观的视野开阔,强调合作和共同安全,反映我国在新的国际格局中对自身安全利益与国际安全目标的新认知与政策主张。

二、总体国家安全观的首次提出

在党的十八届三中全会召开前,我国面临对外维护国家主权、安全、发展利益,对内维护政治安全和社会稳定的双重压力,各种可以预见和难以预见的风险因素明显增多。而我们的安全工作体制机制还不能适应维护国家安全的需要,需要搭建一个强有力的平台统筹国家安全工作。设立国家安全委员会,加强对国家安全工作的集中统一领导,已是当务之急。

2013年11月召开的党的十八届三中全会对国家安全工作作出部署,提出"设立国家安全委员会,完善国家安全体制和国家安全战略,确保国家安全"。

[①] 邓小平,《邓小平文选》(第三卷),人民出版社1993年版,第284页。
[②] 江泽民,《江泽民文选》(第三卷),人民出版社2006年版,第298页。
[③] 胡锦涛,《同舟共济 共创未来——在第六十四届联大一般性辩论时的讲话》,载《人民日报》2009年9月25日,第2版。

决定设立国家安全委员会,是推进国家治理体系和治理能力现代化、实现国家长治久安的迫切要求,是全面建成小康社会、实现中华民族伟大复兴中国梦的重要保障,目的是更好地适应我国国家安全面临的新形势、新任务,建立集中统一、高效权威的国家安全体制,加强对国家安全工作的领导。加强党对国家安全工作的领导,不仅需要组织机构作支撑,更需要以安全理论为指导。

为落实党的十八届三中全会关于成立国家安全委员会的部署,2014年1月24日,中共中央政治局召开会议,研究决定设置中央国家安全委员会。会议决定,中央国家安全委员会由习近平同志任主席,下设常务委员和委员若干名。中央国家安全委员会作为中共中央关于国家安全工作的决策和议事协调机构,向中央政治局、中央政治局常务委员会负责,统筹协调涉及国家安全的重大事项和重要工作。中央国家安全委员会的设置,为加强党对国家安全工作的绝对领导奠定了基础。

2014年4月15日,习近平总书记主持召开中央国家安全委员会第一次会议。这是一次为做好新形势下国家安全工作召开的重要会议,习近平总书记发表了重要讲话。他在讲话中首次提出总体国家安全观,并阐述了总体国家安全观的基本内涵、指导思想和贯彻原则等。他深刻指出,"我们党要巩固执政地位,要团结带领人民坚持和发展中国特色社会主义,保证国家安全是头等大事","建立集中统一、高效权威的国家安全体制,加强对国家安全工作的领导"。[1]这标志着总体国家安全观首次正式提出,为开创国家安全工作新局面指明了方向。

三、总体国家安全观的地位和作用

基于总体国家安全观对"国家安全"的准确认知,对其地位和作用可从两个方面予以把握。

---

[1] 习近平,《习近平谈治国理政(第一卷)》,外文出版社2018年版,第200页。

1.总体国家安全观是指导国家安全工作的强大思想武器。

进入新时代,要有效维护国家安全,必须以总体国家安全观为指导,增强忧患意识,强化底线思维,有效防范、管理、应对国家安全风险。要统筹国内国际两个大局,对内要凝聚民心增强信心,维护国家长治久安;对外要争取良好外部条件,维护国家主权、安全和发展利益,维护国家统一,争取各国友好支持,扩大国际伙伴关系网络。

2.总体国家安全观是保障实现中华民族伟大复兴的新理念。

我国已经进入实现民族复兴的关键阶段,既面临发展机遇,也面临困难和挑战。安全是国家生存与发展的必要条件。国内环境和谐稳定,国际环境和平安宁,是国家富强和民族复兴的基本前提。历史经验表明,国家安全失去保障,中华民族就无法掌握自己的命运;也只有保障好国家安全,中华民族才能更加顺利地走上复兴之路。总体国家安全观以实现中国梦为重要目标。我国正处于由"大"向"强"跃升发展的新起点,唯有全面的安全保障,方能从"将强未强"跨越到"全面强盛"。民族复兴的领域越全面,对国家安全的需求就越广泛。践行总体国家安全观,是实现中华民族伟大复兴的中国梦的坚强保障。

四、总体国家安全观的内涵和要义

总体国家安全观是一个系统完整的理论体系。如前所述,根据《国家安全法》的规定,国家安全是指"国家政权、主权、统一和领土完整、人民福祉、经济社会可持续发展和国家其他重大利益相对处于没有危险和不受内外威胁的状态,以及保障持续安全状态的能力"。

一般来说,国家安全观,是对国家安全及相关问题的历史、现状、发展、规律、本质等方面的认知、评价和预期,包括事实认知、价值评价和主观预期三个方面内容。国家安全观一旦形成就具有一定的稳定性,同时它也具有一定的动态性,受时间、环境、主要领导人等因素变化的影响。

总体国家安全观是一个内容丰富、开放包容、不断发展的安全观念体系。

从内涵的角度看，总体国家安全观就是一种运用系统思维将国家安全状态、能力及其过程理解为一个有机系统的观念体系，即从战略和全局的高度看待国家各层面、各领域安全问题，统筹运用各方面资源和手段予以综合解决，实现国家安全多方面内容和要求的有机统一。所以，总体国家安全观是一个系统完整的理论体系，其内涵丰富，涵盖政治安全、人民安全、国土安全、军事安全、经济安全、金融安全、资源能源安全、粮食安全、文化安全、科技安全、网络信息安全、民族领域安全、宗教领域安全、社会安全、生态安全、核安全、新兴领域安全、海外利益安全。这18个领域，核心要义集中体现为"五大要素"和"五对关系"。实践中要按照"五个坚持"的原则，努力开创新时代国家安全工作新局面。

（一）"五大要素"就是以人民安全为宗旨，以政治安全为根本，以经济安全为基础，以军事、文化、社会安全为保障，以促进国际安全为依托

以人民安全为宗旨。人民安全高于一切，既是总体国家安全观的精髓所在，也是总体国家安全观的根本目的所在。坚持以民为本、以人为本，坚持国家安全一切为了人民、一切依靠人民，是唯物史观和党的性质宗旨在国家安全领域的必然要求和集中体现。以人民安全为宗旨，蕴含着"从群众中来，到群众中去"的国家安全工作方针，体现了总体国家安全观的根本要求。"要坚持国家安全一切为了人民、一切依靠人民，动员全党全社会共同努力，汇聚起维护国家安全的强大力量，夯实国家安全的社会基础，防范化解各类安全风险，不断提高人民群众的安全感、幸福感。"国家安全工作只有坚持以人民为中心，与人民紧紧结合在一起，才能赢得信任、增强信心，才能团结人民共同构筑起维护国家安全的铜墙铁壁。

以政治安全为根本。"求木之长者，必固其根本"，政治安全攸关我们党和国家安危，是国家安全的根本；经济、文化、社会、网络、军事等领域安全的维系，最终都需要以政治安全为前提；其他领域的安全问题，也会反作用于政治安全。政治安全有保障，其他安全问题相对容易解决，否则，其他领域安全就会失去基础。政治安全的核心是政权安全和制度安全。苏联解体、东欧剧变的教训证明，执政党削弱甚至放弃对国家安全工作的领导，是政权

第一章 国家安全基本知识

垮台的重要原因。冷战结束后，有的国家并未摒弃冷战思维、零和博弈的陈旧观念，热衷于通过"颜色革命"颠覆他国政权。近年来，境外势力利用信息网络、课堂讲坛等途径，传播西方思想文化和意识形态，诋毁我国主流意识形态，片面渲染、刻意放大我国的各种问题，甚至制造各种谣言，煽动社会不满情绪。习近平总书记指出："如果哪天在我们眼前发生'颜色革命'那样的复杂局面，我们的干部是不是都能毅然决然站出来捍卫党的领导、捍卫社会主义制度？"可以说，"颜色革命"对我国政治安全构成了重大现实威胁。在此背景下，迫切需要坚持总体国家安全观，坚决捍卫中国共产党的执政地位、捍卫中国特色社会主义制度。

以经济安全为基础。经济安全在国家整体安全中的重要性不言而喻。以经济安全为基础，就是要确保国家经济发展不受侵害，促进经济持续稳定健康发展，提高国家经济实力，为国家安全提供坚实物质基础。长期以来，政治和军事安全一直是传统安全模式中最重要的因素。冷战结束后，经济全球化迅速扩展，经济互动日益增多，经济竞争成为大国竞争的主战场，不定期出现的经济领域危机、摩擦和制裁成为世界各国面临的突出问题。这就使得经济安全在国家安全体系中的重要地位越来越凸显。中国与国际社会的互动关系是立体化的，涵盖经济、社会、文化等诸多领域，但在未来的较长一段时间里，其核心部分仍然是经济因素。"以经济建设为中心是兴国之要，发展仍是解决我国所有问题的关键。"面对此起彼伏的"中国威胁论""中国崩溃论"等论调，我们要格外重视维护经济安全，始终坚持社会主义基本经济制度。需要强调的是，经济安全需要在把握经济发展阶段性特征、适应经济发展新常态的过程中，通过主动作为、积极调控来有效维护。适应新常态，把握新常态，引领新常态，这是当前和今后一个时期我国经济发展的大逻辑，同样也是保证我国经济安全的大逻辑。

以军事、文化、社会安全为保障。坚持和发展中国特色社会主义需要全面推进、协调发展的总体布局。国家安全也是一个整体布局，局部动荡如得不到有效控制，就有可能酿成整体危机。在传统国家安全观中，军事安全是整个国家安全体系的关键，处于支柱地位。冷战结束以来，世界各国的竞争由军事实力竞争转向综合国力竞争，国家安全的内涵和外延也随之不断扩大，军事安全在国家安全中的作用有所调整，但仍然处于极其重要、不可替代的地位，军事手段始终是维护国家安全的根本保障。文化安全是确保一个民族、一个国家独立和尊严的重要精神支撑。文化兴则国家兴，文化亡则国家亡。当今世界，各种思想文化交流交融交锋更加频繁，文化在综合国力竞争中的地位和作用更加凸显，开放环境下维护文化安全任务更加艰巨。鉴于此，维护我国文化安全，既要建设具有强大凝聚力和引领力的社会主义意识形态，提升国家文化软实力，也要加强各级各类思想文化阵地管理，旗帜鲜明地反对和抵制各种错误观点；既要积极参与国际文化竞争，在"走出去"中维护意识形态安全，也要主动提升国家形象和国际亲和力，增强中华文化国际影响力。社会安全是国家改革发展的重要保障，是国家安全的"晴雨表"，直接反映人民群众的幸福感和满意度。新形势下我国社会安定面临的威胁和挑战增多，特别是各种威胁和挑战联动效应明显。为此，要协调社会利益关系、化解社会矛盾、促进各阶层成员和谐共处，最终实现人民安居乐业、社会文明进步。同时，也要严厉打击暴力恐怖活动，妥善处置公共卫生等影响国家安全和社会稳定的突发事件，促进社会和谐，维护公共安全和社会安定。

以促进国际安全为依托。本质上，促进国际安全就是为了实现共同安全。20世纪80年代初，西方学者率先提出"共同安全"的概念，认为持久的安全只有在全体国家能够共享安全的时候才能实现。此后，西方国家对共同安全的内涵有所发展，如欧洲学者提出复合安全理论，但始终难以超越霸权和平等传统思维定式。2013年10月，习近平总书记在周边外交工作座谈会上指出："倡导全面安全、共同安全、合作安全理念，推进同周边国家的安全合作，主动参与区域和次区域安全合作，深化有关合作机制，增进战略互信。"2014年5月，习近平主席在亚洲相互协作与信任措施会议第四次峰会上指出："应该积极倡导共同安全、综合安全、合作安全、可持续安全的亚洲安全观，创新安全理念，搭建地区安全合作新架构，努力走出一条共建、共享、共赢的亚洲安全之路。"共同安全具有丰富而深刻的科学内涵。所谓共同，就是尊重和保障每一个国家的安全。共同意味着安全是双向的，既要保证本国安全

第一章　国家安全基本知识

也要保证其他国家安全。本国安全而他国不安全，显然不符合共同安全的本意。在国际社会中，各个国家实力强弱不同、意识形态和政治制度各异、利益诉求存在差别，但都是平等的成员，在安全互动中都是利益攸关方，是相互依赖、休戚与共的关系。以促进国际安全为依托，就要始终不渝走和平发展道路，在注重维护本国安全利益的同时，注重对外求和平、求合作、求共赢，推动建设持久和平、普遍安全、共同繁荣、开放包容、清洁美丽的世界。

"五大要素"清晰揭示了国家安全的整体性及其内在逻辑关系。国家安全是一个不可分割的安全体系，每一要素虽各有侧重，但是都必然与其他要素相互联系、相互影响。同时，"五大要素"也清晰勾勒了中国特色国家安全道路的基本要求。

（二）"五对关系"就是既重视发展问题，又重视安全问题；既重视外部安全，又重视内部安全；既重视国土安全，又重视国民安全；既重视传统安全，又重视非传统安全；既重视自身安全，又重视共同安全

第一对关系是"实现发展与安全的有机统一"。发展利益与安全利益，是国家核心利益的重要内容。总体国家安全观深刻揭示了发展与安全关系的本质，即发展与安全犹如硬币的"两面"，二者相互支撑、相互促进、高度融合。"贫瘠的土地上长不成和平的大树，连天的烽火中结不出发展的硕果。"一方面，发展是安全的基础，不可能离开发展谈安全。发展是最大的安全，国家落后可能会使其面临的安全威胁变得更加严重；要实现可持续安全，就必须实现可持续发展。另一方面，安全是发展的条件，不可能为了发展罔顾安全。改革开放以来取得的重大发展成就充分印证了，只有安全稳定的国际国内环境，才能心无旁骛地发展生产。贯彻落实总体国家安全观，统筹发展和安全最为紧迫，也最为关键。需要注意的是，发展和安全并重，不等于二者总是保持同步性。例如，发展并不必然带来安全，大发展也并不必然带来大安全，因为国家发展后又会产生新的安全问题。特别是与新时代国家发展需求相比，我国的国家安全保障能力还有较大差距。党的十八届五中全会提出的新发展理念，不仅是破解发展难题、厚植发展优势的理念，也是指导新形势下国家安全工作实践的重要理念。

第二对关系是"实现外部安全与内部安全的良性互动"。总体国家安全观要求"既重视外部安全，又重视内部安全"，蕴含的就是一种系统性战略安排。处理好同外部世界的关系，是中华民族伟大复兴征程上需要长期面对的重大课题。正如习近平主席在博鳌亚洲论坛2013年年会上的主旨演讲中所言："中国将通过争取和平国际环境发展自己，又以自身发展维护和促进世界和平。"当今世界，安全问题的跨国性更加突出。安全问题早已超越国界，任何一个国家的安全短板都会导致外部风险大量涌入，形成安全风险洼地；任何一个国家的安全问题积累到一定程度又会外溢成为区域性甚至全球性安全问题。例如，恐怖主义所导致的安全问题就既是内部安全问题，也是外部安全问题。这类安全问题所体现的境内与境外安全威胁的交织，是当代主权国家所面临的典型的全球性安全问题。由于恐怖主义活动可能发生在任何时间、任何地点，不受边界限制，因此解决这类安全问题需要系统应对。国内外安全形势的复杂变化，迫切要求统筹好国内与国外两个安全。

第三对关系是"实现国土安全与国民安全的共同巩固"。人口、领土都是国家构成不可或缺的因素，二者不能偏废。传统安全观把国家领土安全作为国家安全重心，甚至存在只讲国土安全不讲国民安全的倾向。与之不同，总体国家安全观将国土安全与国民安全放在一起，用意十分深刻，既突出国民安全在国家安全体系中的主导性地位，又强调国土安全依然占据着不可或缺的地位。国土是主权国家公民赖以存在的物质空间，包括领陆、领水（内水和领海）和领空三部分。实践证明，国土安全作为国家安全最敏感的要素，具有很强的联动性。如果国土安全能够得到切实有效维护，国家的政治、经济、文化安全就有保障。一旦国土安全遭受破坏，将很快波及其他领域安全，进而引发国家安全的总体危机。同时，任何一个领域安全出现问题，都将直接或间接对国土安全造成威胁。比如，"台独""东突""藏独"等分裂势力，不仅对我国政治安全造成严重威胁，而且也对国家统一、领土完整造成重大威胁。

第四对关系是"实现传统安全与非传统安全的统筹治理"。传统安全和非传统安全只有产生先后、表现形式不同的区分，并没有孰大孰小、孰重孰轻的区分。既不能因传统安全历史长、影响深而忽视非传统安全，也不能因非传统安全现实性强、威胁大而忘却传统安全。从系统的角度看，传统安全与非传统安全相互联系、相互影响，并在一定条件下可能相互转化。例如，国家间的政治军事对抗是传统安全问题，而这种对抗所引发的货币战、贸易战、能源冲突则是非传统安全问题。再如，生态安全属于非传统安全问题，但水体、空气的跨境污染，则可能导致国家间关系紧张而变成政治安全问题。再比如，边界和海关管理的有效性，与毒品、传染性疾病等非传统安全问题的治理越来越具有高度的相关性。

第五对关系是"实现自身安全与共同安全的相辅相成"。我国和世界的安全密不可分，要推动各国各方朝着互利互惠、共同安全的目标相向而行。总体国家安全观要求"既重视自身安全，又重视共同安全"，与我国面临的外部安全环境密切相关。当今世界，国与国之间相互依存和利益交融日益加深，世界越来越成为你中有我、我中有你的命运共同体。国家安全与国际安全紧密关联，任何国家都不可能独自保留一个安全的"孤岛"。我国所面对的安全问题，很多是全球性问题，或者是与别国利益相关的问题，如生态恶化、资源枯竭等。这些问题都不是我国可以独自解决的，必须开展国际合作，参与全球治理，谋求共同安全。当今时代，国际安全问题越来越多地需要通过多边机制和合作对话解决。

"五对关系"集中反映了总体国家安全观蕴含的辩证思维、对立统一思想和各种安全领域相互联系、相互影响、相互促进的观点，准确反映了总体国家安全观是一种辩证、全面、系统的国家安全理念，是对传统国家安全理念的超越。"五对关系"，实际上也是构建国家安全体系的五组支架，构成了统筹多层次、多类型、多领域的国家安全体系总体框架。

总之，厘清"五大要素"、把握"五对关系"，认识政治安全、人民安全、国土安全、军事安全、经济安全、金融安全、文化安全、社会安全、科技安全、网络信息安全、生态安全、资源能源安全、粮食安全、民族领域安全、宗教领域安全、核安全、新兴领域安全、海外利益安全等诸领域所构成的国家安全体系，是理解总体国家安全观的关键所在。要从全局和战略的高度审视国家安全问题，统筹好不同领域、不同性质的安全工作，形成维护国家安全的强大合力。

五、总体国家安全观的中国特色

以总体国家安全观为根本遵循，我国走的是一条"中国特色的国家安全道路"，其主要特点包括以下五个方面。

（一）坚持党对国家安全工作的绝对领导

国家安全工作能否创造新局面、掌握主动权，关键是道路选择。中国共产党是中国特色社会主义事业的领导核心。中国共产党领导是中国特色社会主义的本质特征，国家安全工作既是中国特色社会主义事业的重要组成部分，也是中国特色社会主义事业的坚强安全保障。"党对国家安全工作的领导，是社会主义制度的必然政治要求，是维护国家安全和社会安定的根本政治保证。"[1]《国家安全法》第四条规定："坚持中国共产党对国家安全工作的领导，建立集中统一、高效权威的国家安全领导体制。"这是以法律的形式确认了党的领导原则。

坚持党对国家安全工作的绝对领导，关系到社会主义的前途命运。党的领导是中国社会历史发展的必然要求，是人民的选择。在中国特色社会主义事业建设过程中，中国共产党处于总揽全局、协调各方的核心地位。在新的历史时期，必须将国家安全工作置于党的领导之下，为社会主义事业发展提供坚强可靠的安全保障。实现国家的长治久安是时代赋予国家安全工作的重大使命，坚持党对国家安全工作的绝对领导，是完成这一使命的根本保证。随着我国的快速发展，面临问题越多，遇到阻力越大，由此面临的内外安全压力也越来越大。面对复杂严峻形势，迫切需要通过加强党对国家安全工作的绝对领导，总揽国家发展与安全大局，为实现中华民族伟大复兴的中国梦

---

[1] 钟国安，《以习近平总书记总体国家安全观为指引谱写国家安全新篇章》，载《求是》2017年第8期。

之奋斗目标提供可靠安全保障。

国家安全工作的首要任务是保证政权安全和制度安全。我国的国体是人民民主专政。人民民主专政本质是人民当家作主。全心全意为人民服务是中国共产党的根本宗旨，只有坚持党的领导，才能确保人民当家作主。这决定了国家安全工作必须置于党的绝对领导之下，为人民当家作主提供安全支撑。在方向问题上，必须保持清醒，坚定不移推动社会主义制度自我完善和发展。中国特色社会主义制度是适应我国国情的根本制度，必须坚决维护。国家安全工作必须立足于确保中国特色社会主义制度安全，保证中国特色社会主义事业走在正确道路上。进入21世纪，随着国际国内形势发展变化，我国维护政治安全和社会稳定的压力明显增大。为此，国家安全工作必须坚决捍卫国家政权安全和制度安全，旗帜鲜明维护党的权威，为发展提供安全稳定的国内政治环境。

在国家安全形势变化条件下，要求切实加强党对国家安全工作的绝对领导，全面提升维护国家安全的能力和水平。为确保党对国家安全工作的绝对领导落到实处，第十九届中央国家安全委员会第一次会议审议通过了《党委（党组）国家安全责任制规定》。下一步，要大力加强国家安全工作思想政治建设，增强忧患意识、危机意识和使命意识，充分认识坚持党的绝对领导的重要性。党的组织领导是政治领导、思想领导的保证。坚持党对国家安全工作的绝对领导，需要通过党的各级组织的集中统一领导来实施。党对国家安全工作的绝对领导需要通过党的干部、党的各级组织和广大党员来实施。如果党的领导能力不足，国家安全的各项工作就会落空。党要切实担负起领导国家安全工作的重任，必须不断提升自身领导能力。

（二）坚持国家利益至上

国家安全要以人民安全为宗旨，以政治安全为根本，以国家利益至上为准则。国家利益是国家制定和实施安全战略的出发点，也是国家判断安全状态的主要标准。所谓国家利益，是指一个主权国家在国际社会中生存需求和发展需求的总和，包括国土、人口和主权等，也包括和平的周边环境、充分的能源供应和平等的贸易关系等。国家利益不是单一的，而是由国家不同领域和不同主体的多种利益构成的，是不可分割的整体。国家利益有排他的一面，也有共同的一面。当国家利益受到威胁或侵犯时，需要通过斗争才能维护国家利益。而在军控、生态、反恐、打击跨国犯罪等领域，国家间需要通过合作实现自身安全。随着国家间相互联系、依存的程度不断加深，创新国家安全理念，搭建安全合作平台，已成为大势所趋。

国家利益关系民族与国家兴亡，反映了多数人的共同需求，是国际关系中作用最持久、影响力最大的因素，是调整国家对外关系的基本着眼点。国家利益高于地方利益，整体利益高于局部利益。维护本国利益要兼顾他国合理关切，谋求各国共同发展。

国家安全工作的根本使命就是捍卫国家利益。国家利益是人民利益的集中体现。国家利益至高无上，人民利益高于一切，二者相辅相成。我国是人民民主专政的社会主义国家，国家一切权力属于人民，维护国家利益，最终受益的是广大人民群众。有效维护国家利益，离不开国家安全工作的坚强保障。

国家利益受到侵犯时，必须有效予以回击。《国家安全法》规定了维护国家安全的任务，要求在所有的安全领域维护国家利益，为实现国家安全目标提供保障。维护国家利益是国家安全工作的最高目标，这也是中国特色国家安全道路的必然选择。

时代在变，国家利益也在变。随着我国与外部世界的联系互动更为深入，国家利益逐渐超出传统领土范围，向世界特别是海外有关区域扩展，向国际海底、外层空间、网络空间、极地等新兴领域拓展。因此，国家安全工作必须树立维护国家利益的机遇意识，强化维护国家利益的底线思维，创新维护国家利益的方式方法，提高保护利益边界的能力。

（三）坚持以人民安全为宗旨

人民安全是国家安全的核心，人民安全高于一切，是总体国家安全观的精髓。人民群众是维护国家安全最为可靠的力量源泉。必须紧密依靠人民群众，充分调动人民群众的爱国热情，最大限度发挥人民群众的积极性和创造力，广泛凝聚民心、士气、智慧和力量。只有紧紧依靠人民，才能打造出维护国家安全的铜墙铁壁。人民安全是国家安全的基石和归宿。维护国家安全不仅需要强大的武装力量，更需要广大人民群众的支持。人民安全感越强，国家安全就越有依靠。

保障人民安全是国家安全工作的根本任务。要维护人民的根本利益，保障人民当家作主的各项权利，为人民创造良好的生存发展条件和安定的工作环境，保障人民的生命财产安全和其他合法权益。当前及今后一段时间，维护国家安全既要加强国防力量建设，又要加强社会治理，最大限度降低对人民群众造成的安全威胁。

以人民安全为宗旨，蕴含"从群众中来，到群众中去"的国家安全工作路线。国家安全工作的根本路线是密切联系群众，要通过自身工作最广泛、最紧密地团结群众，多做凝聚民心、让群众满意的工作。国家安全工作要始终坚持以民为本、以人为本。贯彻总体国家安全观，既要着眼于实现全体人民的安全，又要保障每个人的安全。既要增强保障人民安全的物质基础，也要不断促进社会公平正义。坚持共享发展，着力增进人民福祉，建立健全社会公平保障体系。

（四）坚持共同安全

当今世界，各国人民命运与共、唇齿相依。全球化深入发展，使国家间利益交织、相互依赖。任何国家都不可能脱离世界而实现自身安全，也不可能将自身安全建立在其他国家不安全的基础之上。"共同安全"理念，顺应了国际安全形势发展潮流，是对当今世界主要安全问题和共同安全利益的准确把握，是维护自身安全与国际安全的重要举措。

国际社会中，各国实力有别，意识形态和政治制度各异，但各国主权平等，在安全领域都是利益攸关方，休戚与共。坚持共同安全意味着：（1）安全应该是普遍的。各国面临越来越多具有普遍性的安全难题，如气候变暖、金融危机、恐怖主义、核扩散、难民潮、传染病、网络攻击等。只有各国共同合作，才能实现普遍安全。（2）安全应该是平等的。国家谋求安全没有大小和强弱的等级之分，所有国家都平等地享有权利和负有义务。反对让弱小国安全利益成为强大国交易的对象，不能任意牺牲弱小国安全利益，不可漠视、排斥弱小国的安全利益。（3）安全应该是包容的。文明的多样性和各国的差异性应该转化为促进安全合作的活力和动力。歧视和区别对待将形成国家间交往沟通的障碍，不利于互信机制的建立。因此要提倡相互尊重理解，"各美其美，美人之美，美美与共，天下大同"。

坚持共同安全符合时代发展潮流。一国的发展离不开其他国家的稳定。践行共同安全理念，首先要立足于推进区域一体化，让维护地区安全成为区域成员国的共同追求。坚持共同安全亦是维护我国和平发展的需要。改革开放四十多年来，我国是经济全球化的受益者，也是重要推动者。随着自身实力的增长，我国具备了更强的参与国际安全事务的能力。倡导共同安全，是我国推进国际安全合作的现实选择。这也展示了我国积极融入国际社会的负责任态度。树立良好的国家形象，增强了国际社会对我国的信任和理解。

维护共同安全唯有各方面形成合力。推进国际安全合作需要有关各方相向而行。各国要尊重和维护《联合国宪章》的宗旨和原则，弘扬和平共处五项原则，推动和平解决国际争端。推进国际安全合作势在必行，只有各国携手，共同应对全球安全威胁，才能有效实现国家安全目标。推进国际安全合作，关键在于处理好大国关系。大国关系和谐，共同安全就有了保障。大国遵守国际法，对各国会起到示范和导向作用。在一些重大国际问题方面，中国有大国的原则和执着，坚持义利并举，既维护正义，又不失国家利益。同时，作为亚洲区域大国，我国应该通盘考虑地区安全情势，多管齐下，综合施策，协调推进地区安全治理。

（五）坚持促进中华民族伟大复兴

把国家安全工作放置于中华民族伟大复兴历史进程中加以领导和运筹，是中国特色国家安全道路的基本发展方向。要不断提高战略谋划能力、开拓创新能力，牢牢掌握做好国家安全工作的主动权。中华民族伟大复兴是当代中国最伟大的梦想。中国梦的根本要求是全面建成小康社会，前提条件是实现国家富强、民族振兴、人民幸福。对内求发展、求变革、求稳定，对外求和平、求合作、求共赢。中国办好自己的事，既是对自己负责，也是为世界作贡献。事实表明，中国的发展不仅给中国人民带来富裕安康，也给世界各国人民带来了和平与进步!

维护国家安全是中华民族伟大复兴的重要保障。实现中华民族伟大复兴，保障国家安全是头等大事。在这一历史进程中，要始终高度警惕国家被侵略、被颠覆、被分裂的危险，始终高度警惕改革发展稳定大局被破坏的危险，始终高度警惕中国特色社会主义进程被打断的危险，始终不渝地坚持走中国特色国家安全道路。

六、总体国家安全观的时代特征

总体国家安全观这一提法富有中国特色，突出了"大安全"理念、强调了做好国家安全工作的系统思维，既强调综合性又注重立体性，既有布局又有方法。其鲜明的时代特征就在于"总体"二字上，可以从三个方面来把握。

一是揭示了国家安全含义的全面性。对于一个国家来说，安全与发展相对应，二者不可或缺，发展是全面的，安全理所当然也应是全面的。长期以来，人们普遍将国家安全工作局限于国土安全、军事安全、反奸防谍、维稳处突等方面，也就是传统上习以为常的"小安全"。总体国家安全观所指的国家安全涉及政治、国土、军事等领域，但又不限于此，会随着时代变化而不断发展，是一种名副其实的"大安全"。只要国家利益拓展到哪里，国家安全边界就要跟进到哪里。新形势下，讨论国家安全问题应具有宽广视野，避免像过去那样只关注政治、军事问题而忽视经济、文化、社会、网络、生态等领域的问题，同样也要避免局限于当下的安全领域而忽视太空、深海、极地、生物等新型安全领域。比如，传统犯罪借助互联网和新媒体花样翻新，电信诈骗、金融诈骗等新型犯罪大量滋生，跨国有组织犯罪日趋升级，难民危机愈演愈烈，艾滋病等传染性疾病肆虐，网络攻击、网络窃密已经成为危害各国安全的突出问题。只有全面认知安全的问题领域，才能够真正理解国家安全的属性与特点，并更好地维护国家安全。

二是突出了国家安全布局的系统性。国家安全不是多个领域安全的简单叠加，而是一张布满节点的大网，环环相扣，哪个环节、领域出现问题，都会影响、波及整个国家安全。事实表明，不同领域的安全相互联系、相互影响，而且在一定条件下是可以相互转化的，具有传导效应和联动效应。一个看似单纯的安全问题，往往并不能简单对待，否则就可能陷入头痛医头、脚痛医脚的困境。恐怖主义就是典型的例子，其滋生蔓延受经济发展、地缘政治、宗教文化等多种复杂因素影响，单纯靠一种手段无法从根本上解决问题。维护国家安全，不能"一叶障目，不见泰山"，也就是不但要维护单个领域的安全，也要维护整体和系统的安全。需要强调的是，按照总体国家安全观的要求，国家安全的含义是层层递进的，蕴含严谨的内在逻辑性，既指国家相对处于没有危险和不受内外威胁的状态，也指保障持续安全状态的能力。强调总体，就意味着保障国家安全的能力需要不断提升。

三是强调了国家安全效果的可持续性。维护国家安全是一个动态的过程，实践在发展，理念也要更新。"可持续，就是要发展和安全并重以实现持久安全。"国家谋求安全，不是权宜之计，而是为了长治久安。将时间作为重要变量引入国家安全的思考范畴，这在国家安全理论中是个重大创新。从纵向上看，总体国家安全观着重思考的是长远战略、长远布局，是时空方位的延伸，不仅着眼当前，立足于现实需要，更考虑未来，是构建全方位国家安全体系的总体思路。当危及国家安全的形态、对象、手段、时空领域发生变化时，维护国家安全的目标设计和战略战术也要作出相应调整。

七、贯彻总体国家安全观的实践要求

2015年1月23日，中共中央政治局召开会议，会上指出：在新形势下维护国家安全，必须坚持以总体国家安全观为指导，坚决维护国家核心和重大利益，以人民安全为宗旨，在发展和改革开放中促安全，走中国特色国家安全道路。要做好各领域国家安全工作，大力推进国家安全各种保障能力建设，把法治贯穿于维护国家安全的全过程。

贯彻总体国家安全观，在实践层面需要注意牢牢把握下列诸方面的要求，进而全面构筑国家安全的坚固屏障，为全面建成小康社会和社会主义现代化强国的民族复兴大业保驾护航。

（一）各级党委政府要认真贯彻中央的决策部署

各级党委政府是维护国家安全工作的责任主体，肩负着维护国家安全的重要职责。建立集中统一、高效权威的国家安全领导体制，是坚持和加强党对国家安全工作的重要体现。各级党委政府要在思想和行动上切实统一到党中央关于国家安全工作的决策部署上来，强化国家安全工作责任体系建设，各司其职，各负其责，相互配合，通力合作，形成维护国家安全工作的强大合力。

（二）领导干部要自觉维护国家安全

2015年5月19日，全国国家安全机关总结表彰大会指出，要总结经验，从严管理，努力打造一支坚定纯洁、让党放心、甘于奉献、能拼善赢的干部队伍。政治路线确定之后，干部就是决定的因素。做好国家安全工作，关键靠干部。广大干部要努力树立维护国家安全的意识，把思想行动统一到党中央对国家安全工作的决策部署上来，不断提高各级干部维护国家安全工作的水平。

（三）维护国家安全是全社会的责任

每一个社会成员，要牢记维护国家安全是全社会的共同责任，增强国家安全意识和法治观念，增强维护国家安全和利益的责任感、荣誉感，自觉维护国家安全和利益，维护社会的稳定，为实现中国梦，建设美丽繁荣和谐中国创造良好的政治环境和社会环境。

作为公民，维护国家安全是我们的首要责任，不能一味地认为维护国家安全是国家、军队、国家安全部、公安局、边防部队、国保支队的事儿，这样的想法和认识都是极端错误的。在中华人民共和国成立初期，国民党反动派从台湾派间谍到大陆进行秘密潜伏、谍报工作，其险恶用心就是想颠覆新中国的政权。时下，这样的事也不少，境外势力对我们国家的危害以及近年来全世界多发的暴力恐怖活动，直接危害我国国家安全。

应该看到，与经济快速发展形成对比，我国公民的国家安全意识教育相对滞后。维护国家安全要坚持国家安全一切为了人民、一切依靠人民，真正夯实国家安全的群众基础。《国家安全法》在第一章第一条就强调"保护人民的根本利益",在第二章第十六条维护国家安全的任务中规定:"国家维护和发展最广大人民的根本利益,保卫人民安全,创造良好生存发展条件和安定工作生活环境,保障公民的生命财产安全和其他合法权益。"只有国家安全得到维护,人民安全才有了保障。

为此,必须动员全社会的力量,通过国家安全观教育、爱国主义教育、主权意识教育、公民国家责任教育、法律意识教育等方式,牢固树立起国家利益和国家安全高于一切的民族集体认同,将国家安全教育纳入国民教育体系和公务员教育培训体系,扩大国家安全意识教育的社会覆盖面,积极应对信息时代挑战,培育公民的网络信息安全意识,增强全社会的国家安全意识,依法维护国家安全。

第二章
维护国家安全的基本任务

维护国家安全的核心是维护国家核心利益和其他重大利益的安全，包括国家政权、主权、统一和领土完整、人民福祉、经济社会可持续发展以及国家其他重大利益的安全。《中华人民共和国国家安全法》以总体国家安全观为立法指导思想和根本遵循，基于国家安全外延和内涵大大拓展的实际，突出国家安全的总体性特点，规定了各领域维护国家安全的重点任务，以体现构建国家安全体系的要求。在立法中明确国家安全各领域重点任务，有助于调动国家各种力量和资源，形成维护国家安全的整体合力。该法第二章依次明确了政治安全、人民安全、国土安全、军事安全、经济安全、金融安全、资源能源安全、粮食安全、文化安全、科技安全、网络与信息安全、民族领域安全、宗教领域安全、社会安全、生态安全、核安全、新兴领域安全、海外利益安全等的重点任务，基本覆盖了涉及国家安全的领域；同时，提出"国家根据经济社会发展和国家发展利益的需要，不断完善维护国家安全的任务"，为将来可能变化的维护国家安全的任务留出了必要空间，体现了动态性、开放性。

本章逐一对其主要内容作出相应简述性释义。

第一节
关于"政治安全"

一、援引法条原文

国家坚持中国共产党的领导,维护中国特色社会主义制度,发展社会主义民主政治,健全社会主义法治,强化权力运行制约和监督机制,保障人民当家作主的各项权利。

国家防范、制止和依法惩治任何叛国、分裂国家、煽动叛乱、颠覆或者煽动颠覆人民民主专政政权的行为;防范、制止和依法惩治窃取、泄露国家秘密等危害国家安全的行为;防范、制止和依法惩治境外势力的渗透、破坏、颠覆、分裂活动。

(本法条源自《中华人民共和国国家安全法》第十五条。其内容是对维护国家政治安全之任务作出的规定。)

二、立法背景及相关知识

政治安全是国家安全的根本,事关国家治乱兴衰。维护国家安全,要把确保政治安全放在首位。本条分两款规定了我国维护政治安全的主要任务,旨在坚持党的领导和维护社会主义制度、政治制度模式,保持执政党的纯洁性和先进性,增强国家基本制度的生机和活力,为维护国家安全提供坚实有力的政治保障。

三、法条解读

经过数十年改革开放的历史发展,我国已经进入了全面建设中国特色社会主义现代化强国的新时代。在新时代，维护并实现国家政治安全主要包括下列方面。

（一）坚持中国共产党的领导

中国共产党作为执政党，是中国特色社会主义事业的领导核心。坚持党的领导是《中华人民共和国宪法》（以下简称《宪法》）确立的基本原则，是《宪法》第一条所确定的我国国体即人民民主专政的具体体现。办好中国的事情，关键在党。我国正处于从大国向强国跃升的关键阶段，中华民族正处于迈向伟大复兴的关键阶段，只有坚持党的领导，才能有力维护国家主权、安全和发展利益。在维护国家安全的任务中，坚持中国共产党的领导，要发挥党总揽全局、协调各方的领导核心作用，改进和完善党的领导方式和执政方式，不断提高党科学执政、民主执政、依法执政水平，始终保持党同人民群众的血肉联系，确保党始终成为中国特色社会主义的坚强领导核心。

（二）维护中国特色社会主义制度

《宪法》规定，社会主义制度是中华人民共和国的根本制度，禁止任何组织或者个人破坏社会主义制度。中国特色社会主义制度是中国共产党团结带领全国各族人民经过艰苦斗争建立和发展起来的国家根本制度，这一制度既坚持了社会主义的根本性质，又根据我国实际和时代特征赋予其中国特色，具有鲜明特点和独特优势。维护中国特色社会主义制度，作为维护政治安全的重要任务之一，内容包括：在经济领域，实行以公有制为主体、多种所有制经济共同发展的基本经济制度，构建社会主义市场经济体制，发挥社会主义制度的优越性和市场配置的有效性，促进共同富裕；在政治领域，以保障人民当家作主为根本，实行人民代表大会制度、中国共产党领导的多党合作和政治协商制度、民族区域自治制度以及基层群众自治制度；在文化领域，坚持马克思主义指导地位，用社会主义核心价值体系引领社会思潮；在社会领域，推进以保障和改善民生为重点的社会建设，维护社会公平正义、促进社会和谐稳定。

（三）发展社会主义民主政治

发展社会主义民主政治，要以保障人民当家作主为根本，坚持和完善人民代表大会制度这一根本政治制度；坚持和完善中国共产党领导的多党合作和政治协商制度；坚持和完善民族区域自治制度以及基层群众自治制度；健全民主制度，丰富民主形式，从各层次各领域扩大公民有序政治参与，保证国家政治生活既充满活力又安定有序。

（四）健全社会主义法治

健全社会主义法治，要全面推进依法治国，坚持依法治国、依法执政、依法行政的共同推进，法治国家、法治政府、法治社会的一体建设，建设中国特色社会主义法治体系，建设社会主义法治国家；注重发挥法治在国家治理中的重要作用，全面推进科学立法、严格执法、公正司法、全民守法，做到有法必依、执法必严、违法必究；依法保障全体公民享有广泛的权利，保障公民的人身权、财产权、基本政治权利等不受侵犯。

（五）强化权力运行制约和监督机制

强化权力运行制约和监督机制，要把权力关进制度的笼子，按照结构合理、配置科学、程序严密、制约有效的原则，逐步建立健全决策权、执行权、监督权既相互制约又相互协调的权力结构和运行机制；强化权力运行公开，推行地方各级政府及其工作部门权力清单制度，完善党务、政务和各领域办事公开制度；加强对权力运行的监督，健全和完善党内监督、民主监督、法律监督和舆论监督体系，加强行政监察、审计监督、巡视监督，建设廉洁政治。

（六）保障人民当家作主的各项权利

保障人民当家作主的各项权利，要从各层次各领域扩大公民有序政治参与，发展更加广泛、更加充分、更加健全的人民民主，进一步支持和保证人民通过人民代表大会行使国家权力，健全社会主义协商民主制度，完善基层民主制度，保障人民依法通过各种途径和形式，管理国家事务，管理经济和文化事业，管理中国社会事务。

（七）依法防范、制止和惩治危害政治安全的行为

当前，我国政治安全面临的威胁突出表现为：一是渗透、颠覆、破坏和分裂活动不断升级。境外反华势力利用军事、外交、人员来往、经贸、互联网、非政府组织等渠道，加紧对我实施渗透、颠覆、破坏和分裂。境内外一

第二章 维护国家安全的基本任务

些反华势力相互勾连策划实施颠覆、破坏活动，插手国内社会矛盾、敏感问题和群体性事件，煽动群众与党和政府对立。二是窃密与反窃密斗争激烈。一些地方和机关单位对保密工作不够重视、保密意识淡薄，泄密风险隐患发现能力不强。网络窃密成为境外情报机构对我国开展间谍活动的常规手段。三是"台独"分裂势力及其分裂活动仍然威胁两岸关系和平发展，"东突""藏独"分裂势力活动猖獗，特别是"东突"暴力恐怖活动威胁升级蔓延，对我国政治安全和社会稳定构成严重威胁。

针对上述威胁，本条第二款规定了防范、制止和依法惩治危害政治安全行为的三项任务。即防范、制止和依法惩治任何叛国、分裂国家、煽动叛乱、颠覆或者煽动颠覆人民民主专政政权的行为；防范、制止和依法惩治窃取、泄露国家秘密等危害国家安全的行为；防范、制止和依法惩治境外势力的渗透、破坏、颠覆、分裂活动。这些规定体现了鲜明的问题导向，同《宪法》《反分裂国家法》、《中华人民共和国反间谍法》（以下简称《反间谍法》）、《中华人民共和国反恐怖主义法》（以下简称《反恐怖主义法》）、《中华人民共和国保守国家秘密法》（以下简称《保守国家秘密法》）、《中华人民共和国刑法》（以下简称《刑法》）及香港和澳门特别行政区基本法等衔接和呼应。贯彻执行这些法律，防范、制止和依法惩治各类颠覆、渗透、破坏、分裂活动，将有利于消除和化解我国政治安全面临的现实和潜在威胁，营造良好的内外部发展环境，为我国有效实现党的领导、发挥中国特色社会主义制度优越性保驾护航。

● **阅读链接**

◆ **《辛丑条约》的签订**

1901年，清政府被迫同英、美、俄、日、法、德、意、奥、比、荷、西11国签订《辛丑条约》。《辛丑条约》是中国近代史上主权丧失最严重、对国家安全危害最严重的不平等条约，胁迫中国的列强之多、赔款数量之巨、中国战略要地丧失之彻底,前所未有。(来源:人民教育出版社2022年版《初中生国家安全教育》。作者:《初中生国家安全教育》编写组)

◆ 苏联解体

中外历史上,在维护政治安全方面不乏惨痛的教训,最为典型的当数苏联解体。可以说,苏联解体就是苏联放弃政治安全防线造成的悲剧。面对当时美国等西方国家的全方位颠覆渗透,戈尔巴乔夫领导的苏联共产党主动打开"闸门",自愿放弃思想信仰,拱手让出阵地,任凭反对派争抢。然而,苏联解体给人民带来的并不是稳定和繁荣,而是巨大的精神和物质损失。苏联解体后,俄罗斯国内生产总值急剧下降,经济发展长期低迷,国家实力和国际地位大幅下降。(来源:人民教育出版社2022年版《初中生国家安全教育》。作者:《初中生国家安全教育》编写组)

◆ 时刻警惕"颜色革命"

当前,各种敌对势力一直企图在我国制造"颜色革命",妄图颠覆中国共产党领导和我国社会主义制度。这是我国政治安全面临的现实危险。他们选中的一个突破口就是意识形态领域,企图把人们的思想搞乱,然后浑水摸鱼、乱中取胜。习近平总书记指出:"如果哪天在我们眼前发生'颜色革命'那样的复杂局面,我们的干部是不是都能毅然决然站出来捍卫党的领导、捍卫社会主义制度?"对于"颜色革命",每一位党员干部都应始终保持高度警惕,加强防范,制止、打击有关违法犯罪活动。(来源:《国家安全知识百问》。作者:全国普及法律常识办公室)

第二节
关于"人民安全"

一、援引法条原文

国家维护和发展最广大人民的根本利益,保卫人民安全,创造良好生存发展条件和安定工作生活环境,保障公民的生命财产安全和其他合法权益。

(本法条源自《中华人民共和国国家安全法》第十六条。其内容是对维护人民安全之任务作出的规定。)

二、立法背景及相关知识

"民为邦本,本固邦宁",人民安全是国家安全体系中不可分割的、核心的构成要素,是国家安全的基石和依托。维护国家安全的根本目的,就是确保人民安全,让人民安居乐业、幸福生活。这是唯物史观和党的性质宗旨在国家安全领域的集中体现。本法专门规定了维护人民安全的任务,体现出国家安全以人为本、以民为本的立法理念,是总体国家安全观"坚持以人民安全为宗旨"之思想在法律规范中的具体体现。

三、法条解读

(一)维护和发展最广大人民的根本利益

维护和发展最广大人民的根本利益,集中体现了我国维护人民安全的价值理念。中国共产党和中国政府始终以全心全意为人民服务为根本宗旨,坚持以人民为中心的发展思想,把维护好、发展好、实现好最广大人民的根本利益作为一切工作的出发点和落脚点。我国还处于社会主义初级阶段,只有坚持以经济建设为中心，解放和发展社会生产力，推动实现社会主义现代化和全体人民共同富裕，才能为人民安全提供雄厚的物质基础，因此首先要把"蛋糕"做大。同时，我国要坚持共享发展，努力把"蛋糕"分好，促进社会公平正义，从解决群众最关心最直接最现实的利益问题入手，推动实现学有所教、劳有所得、病有所医、老有所养、住有所居，把发展成果更多更公平地惠及人民群众，使全体人民在共建共享发展中有更多获得感，为维护人民安全营造公平公正的社会环境。

（二）保卫人民安全

保卫人民安全，是维护人民安全的核心任务。事实证明，人民越有安全感，国家安全就越牢固。党和政府高度重视人民安全，采取积极主动的防范和应对措施。如近年来利比亚、越南、也门、叙利亚等一些国家局势动荡，党中央、国务院及时启动海外应急救援机制，成立应急指挥部，组织协调我驻外人员安全撤离，有效保障了我人员和财产安全。我国《宪法》和《中华人民共和国突发事件应对法》（以下简称《突发事件应对法》）等法律中也有保卫人民安全内容的具体规定。新形势下，威胁人民安全的传统风险和非传统风险叠加，事故发生的频率、概率及其危害都较以往明显增加。比如，煤矿瓦斯爆炸、输油气管道爆炸、危化品爆炸、沉船、火灾、渣土堆场滑坡等重特大安全生产事故，地震、洪涝、泥石流等重特大自然灾害，造成重大人员伤亡和财产损失；暴力恐怖袭击事件给各族群众生命财产安全造成严重损失；走出国门的中国人越来越多，一些国家社会骚乱、战争频发，严重危害当地中国公民的人身安全和财产安全；新冠病毒感染在全球蔓延和流行；等等。

根据"保卫人民安全"的规定要求，各级人民政府及其有关部门要把人民群众生命安全放在首位，坚守"人民至上""生命至上"的原则立场，把"发展决不能以牺牲人的生命为代价"作为不可逾越的红线，坚定不移保障安全发展，严格落实安全生产责任和管理制度，加强安全保障能力建设，加快健全隐患排查治理体系、风险预防控制体系和社会共治体系，遏制重特大事故频发势头，确保人民群众生命财产安全，加强全民安全意识教育，提高群众防范和规避自然灾害、突发事件等危险的能力，构筑起人民安居乐业、社会安定有序的全方位、立体化安全屏障。

（三）创造良好生存发展条件和安定工作生活环境

改革开放以来，我国城镇居民收入水平、居住条件、社会保障等明显改善，贫困人口大幅减少，实现了从基本消除贫困到解决温饱，再到全面建成小康社会目标。维护人民安全，要在解决基本物质生活资料问题的基础上，顺应人民群众不断提高的对生存发展条件的要求，抓紧解决大面积雾霾、水污染、土壤污染以及农产品、食品、药品质量安全等危害人民群众身体健康、影响人民群众正常工作生活的突出问题，确保生态安全、粮食安全、食品安全和药品安全，保障人民生存发展所需的良好条件。

我国通过大力加强自身能力建设，坚决防范和抵御外敌入侵，加大对国内敌对势力和暴力犯罪行为的打击力度，总体上保持了社会稳定。同时，恐怖主义、分裂主义、极端主义活动和大规模群体性事件等仍影响和冲击着社会稳定，严重危害人民安全。维护人民安全，要加强武装力量建设，坚决防范和制止一切危害国家主权、安全、领土完整的挑衅行为，加强社会治安综合治理能力建设，坚持打防结合、预防为主、专群结合、依靠群众，确保人民安居乐业、社会安定有序、国家长治久安，创造人民安定工作生活的环境。

（四）保障公民的生命财产安全和其他合法权益

生存权和财产权是最基本的人权，人民生命财产安全是人民安全的基本内容。我国把解决人民的生存权和发展权问题放在优先位置，全面提高人民生活水平。《宪法》明确规定公民的人身自由、人格尊严、住宅不受侵犯，公民的合法私有财产不受侵犯；《中华人民共和国物权法》（以下简称《物权法》）规定私人所有权、业主的建筑物区分所有权、土地承包经营权、宅基地使用权受法律保护；等等。这些为依法保护人民生命财产安全和其他合法利益提供了充分保障。保障公民的生命财产安全和其他合法利益，还要加强和创新社会治理，健全利益表达、利益协调、利益保护机制，确保公民权益受到公平对待、利益得到有效维护，完善立体化社会治安防控体系，依法严厉打击严重刑事犯罪，提升人民群众的安全感和满意度。

● 阅读链接

◆ 街乡吹哨，部门报到

哨声"响"起，解决基层难题。北京市创新"街乡吹哨，部门报到"机制，坚持党建引领，着力形成到基层一线解决问题的导向，打通抓落实的"最后一公里"。2018年，北京市将这一机制作为"1号改革课题"在全市推广。目前，这一机制已形成3种形式：围绕群众所需的"日常哨"，围绕重点工作的"攻坚哨"，围绕应急处置的"应急哨"。（来源：人民出版社2020年版《国家安全知识百问》。作者：《国家安全知识百问》编写组）

◆ 也门撤侨事件

2015年3月26日，沙特阿拉伯、埃及、约旦、苏丹等国对也门胡塞武装发动空袭行动。我国外交部随即启动应急机制。当日深夜，中国海军舰艇编队临沂舰、潍坊舰、微山湖舰前往也门亚丁港海域，执行撤离中国公民任务。（来源：人民教育出版社2022年版《初中生国家安全教育》。作者：《初中生国家安全教育》编写组）

第三节
关于"国土安全"

一、援引法条原文

国家加强边防、海防和空防建设,采取一切必要的防卫和管控措施,保卫领陆、内水、领海和领空安全,维护国家领土主权和海洋权益。

(本法条源自《中华人民共和国国家安全法》第十七条。其内容是对维护国土安全之任务作出的规定。)

二、立法背景及相关知识

国土安全是传统国家安全的核心内容,是国家生存与发展的重要保障。中央国家安全委员会第一次会议明确提出,贯彻落实总体国家安全观,必须既重视国土安全,又重视国民安全。没有强大的国防维护国土安全,国家的主权、统一、领土完整和安全就不能得到切实的保障。从1840年鸦片战争开始的一百多年时间里,我国遭受了帝国主义国家的侵略,被迫签订了一系列不平等条约,割让了大片领土,国家主权丧失殆尽,国家安全也无从谈起。

三、法条解读

(一)维护国土安全的目标

本条规定,维护国土安全的目标主要是指:"保卫领陆、内水、领海和领空安全,维护国家领土主权和海洋权益。"《中华人民共和国国防法》(以下简称《国防法》)明确规定:"中华人民共和国的领陆、领水、领空神圣不可侵犯。"领陆、领水、领空都属于我国的领土,我国对其具有领土主权。领土是一个国家在国际上得到承认的根本特征，领土主权不容侵犯是国际法的基本原则之一，也是我国《宪法》法律的规定。主权对内具有最高性，对外具有排他性。其中，领陆是指我国的陆地领土。1992年《中华人民共和国领海及毗连区法》（以下简称《领海及毗连区法》）规定："中华人民共和国的陆地领土包括中华人民共和国大陆及其沿海岛屿、台湾及其包括钓鱼岛在内的附属各岛、澎湖列岛、东沙群岛、西沙群岛、中沙群岛、南沙群岛以及其他一切属于中华人民共和国的岛屿。"内水不同于领海，在国际法上通常被视为附属于国家的陆地领土。《领海及毗连区法》规定："中华人民共和国领海基线向陆地一侧的水域为中华人民共和国的内水。"因此，内水既包括内陆的河流、湖泊，也包括领海基线内朝向陆地一侧的海域，国家对内水享有同领陆一样的完全主权。《领海及毗连区法》还规定："中华人民共和国领海的宽度从领海基线量起为十二海里。"我国的领海就是从领海基线量起，宽度为十二海里的海域。领海的外部界限为一条其每一点与领海基线的最近点距离等于十二海里的线。我国的领海基线采用直线基线法划定，由各相邻基点之间的直线连线组成。《领海及毗连区法》规定，1996年我国发布了关于中华人民共和国领海基线的声明，公布了大陆领海的部分基线和西沙群岛的领海基线，同时表明将再行宣布其余领海基线。2012年我国又发布了关于钓鱼岛及其附属岛屿的领海基线。2022年6月，我国外交部发言人汪文斌发表严正讲话，表明"台湾海峡属于中国领海，不是'国际水域'"，驳斥了美西方一些国家宣扬的所谓"航行自由"的霸道行径，彰显了中国政府和人民捍卫国家主权和领土完整不受外部势力侵犯的坚定信心和坚强决心。根据《中华人民共和国民用航空法》（以下简称《民用航空法》）的规定，我国的领空是指中华人民共和国的领陆和领水之上的空域。

除了传统的领土主权，随着海洋经济的发展，各国越来越重视海洋的管理、养护和开发利用，越来越重视维护本国的海洋权益。海洋权益是国家利益的重要组成部分，本法规定的海洋权益，既包括国家的主权、主权权利，也包括其他涉海的管辖权和管制权，涉及联合国海洋法公约及其他国际法赋予主权国家的其他权利，涉及一个国家海上的活动、资产、人员和相关利益的安全。目前，世界上的沿海国家都相继制定了本国法律法规，对维护本国海洋权益作出规定。具体而言，海洋权益是指我国的《领海及毗连区法》、《中华人民共和国专属经济区和大陆架法》（以下简称《专属经济区和大陆架法》）等法律规定的，我国行使的对领海的主权、毗连区的管制权，对专属经济区和大陆架行使的国家的主权权利和管辖权，以及我国其他法律如《海岛保护法》《海上交通安全法》《海洋环境保护法》等规定的海洋权益等一系列权利。还包括《联合国海洋法公约》及其他国际法赋予的权利以及依此权利享有的海洋权益等。我国维护国家领土主权和海洋权益的一贯的主张和立场是坚定不移的。

《领海及毗连区法》《专属经济区和大陆架法》《海岛保护法》《海上交通安全法》《海洋环境保护法》等法律规定，我国的海洋权益主要包括：一是一切属于我国的岛屿和群岛的主权不受侵犯。二是我国对于领海、领海上空、领海的海床及底土都享有主权权利。外国非军用船舶，享有依法无害通过我国领海的权利，但是外国军用船舶进入我国领海，须经我国政府批准。任何国际组织、外国的组织或者个人在我国领海内进行科学研究、海洋作业等活动，须经我国政府或者有关主管部门批准，遵守我国法律、法规。三是我国在毗连区内的权利主要包括管制权和紧追权，即在有关安全、海关、财政、卫生或者入境出境管理方面行使管制权以及我国有关主管机关有充分理由认为外国船舶违反我国法律、法规时，对该外国船舶行使紧追权。四是我国在专属经济区和大陆架，涉及对渔业和矿产等自然资源的勘查、开发、养护和管理，以及海洋科学研究和海洋环境保护等方面，行使主权权利和管辖权。五是我国享有的历史性权利。

（二）维护国土安全的防务活动

本条规定的"国家加强边防、海防和空防建设"，是国家在和平时期维护国土安全所进行的主要防务活动。边防、海防和空防是指国家为了保卫领土主权在陆地边境、领海和领空所采取的防卫和管理措施。《国防法》第十四条第七款规定，国务院与中央军事委员会共同领导边防、海防、空防的管理工作。因为边防、海防、空防的管理是一项综合性工作，涉及军事、外交、公安和国家安全等有关部门，需要军队和人民政府协调配合，共同做好各方面的工作。为了实现对边防、海防、空防管理工作的统一领导，目前在中央层面设立了相应的领导机构，由国务院和中央军事委员会有关部门共同组成，负责协调全国边防、海防、空防的管理工作。在具体分工方面，《国防法》第三十一条规定，边防、海防和空防工作大致分为两个部分：一部分是防卫工作，即防止对我国领陆、内水、领海、领空的武装侵犯；另一部分是管理工作，主要是边防、海防和空防的建设及日常性管理，如陆地国界、边境地区管理，人员和各种交通运输工具出入境管理，以及对海上航道和空中航空器的管制等。《国防法》第三十一条第一款规定："中央军事委员会统一领导边防、海防、空防和其他重大安全领域的防卫工作。"因为防卫工作涉及使用国家的武装力量防备和抵抗对我国领土主权的侵犯，根据《宪法》和《国防法》关于中央军事委员会职权的规定，我国武装力量由中央军事委员会统一领导和指挥。《国防法》第三十一条第二款规定："中央国家机关、地方各级人民政府和有关军事机关，按照规定的职权范围，分工负责边防、海防、空防和其他重大安全领域的管理和防卫工作，共同维护国家的安全和利益。"例如，我国的边境管理工作，目前是在国务院和中央军事委员会的领导下，由国防部、公安部和外交部分工负责。地方的边境管理工作，在中央国家机关领导下，由各边境省、自治区人民政府有关部门和省军区分工负责，中国人民解放军边防部队、公安边防武装警察部队具体组织实施。

《国防法》规定，国家还要根据边防、海防和空防的需要，建设作战、指挥、通信、防护、交通、保障等国防设施。各级人民政府和军事机关应当依照法律、法规的规定，保障国防设施的建设，保护国防设施的安全。这些国防设施大部分属于军事设施，按照《中华人民共和国军事设施保护法》规定，主要包括：（1）指挥机关，地面和地下的指挥工程、作战工程；（2）军用机场、港口、码头；（3）营区、训练场、试验场；（4）军用洞库、仓库；（5）军用通信、侦察、导航、观测台站，测量、导航、助航标志；（6）军用公路、铁路专用线，军用通信、输电线路，军用输油、输水管道；（7）边防、海防管控设施；（8）国务院和中央军事委员会规定的其他军事设施。此外，还有人民防空工程、国防交通工程设施等，也都属于根据边防、海防和空防需要而建设的国防设施。保障国防设施的建设，保护国防设施的安全，是军地双方的共同职责。各级人民政府和军事机关应当严格依法办事，履行好法定职责。

（三）维护国土安全采取的防卫和管控措施

本条规定，为了实现"保卫领陆、内水、领海和领空安全，维护国家领土主权和海洋权益"的目的，在加强边防、海防和空防建设的基础上，国家可以采取一切必要的防卫和管控措施，这里的"措施"涵盖了政治、经济、外交、军事、科技、教育等各方面的措施。例如，我国《出境入境管理法》关于边防检查措施，第六条第三款规定："出入境边防检查机关负责对口岸限定区域实施管理。根据维护国家安全和出境入境管理秩序的需要，出入境边防检查机关可以对出境入境人员携带的物品实施边防检查。必要时，出入境边防检查机关可以对出境入境交通运输工具载运的货物实施边防检查，但是应当通知海关。"我国《领海及毗连区法》规定了在毗连区内行使紧追权的措施。该法第十四条规定，有关主管机关有充分理由认为外国船舶违反中华人民共和国法律、法规时，可以对该外国船舶行使紧追权。追逐须在外国船舶或者其小艇之一或者以被追逐的船舶为母船进行活动的其他船艇在中华人民共和国的内水、领海或者毗连区内时开始。……追逐只要没有中断，可以在中华人民共和国领海或者毗连区外继续进行。在被追逐的船舶进入其本国领海或者第三国领海时，追逐终止。《专属经济区和大陆架法》规定："中华人民共和国在行使勘查、开发、养护和管理专属经济区的生物资源的主权权利时，为确保中华人民共和国的法律、法规得到遵守，可以采取登临、检查、逮捕、扣留和进行司法程序等必要的措施。"我国《民用航空法》规定，对于违反相关法律规定，擅自飞入、飞出中华人民共和国领空的外国民用航空器，中华人民共和国有关机关有权采取必要措施，令其在指定的机场降落。另外，2013年11月，中华人民共和国政府根据《国防法》《民用航空法》和飞行基本规则，宣布划设东海防空识别区，这也属于上述防卫和管控措施。

本条规定的"一切必要的"措施，既包括和平的措施，也包括非和平的措施。例如,《国防法》第四十七条规定:"中华人民共和国的主权、统一、领土完整、安全和发展遭受威胁时,国家依照宪法和法律规定,进行全国总动员或者局部动员。"既包括对外措施,也包括对内措施。《宪法》规定我国武装力量的任务是巩固国防、抵抗侵略、保卫祖国、保卫人民的和平劳动,参加国家建设事业,努力为人民服务。《国防法》也规定国防的任务是"防备和抵抗侵略,制止武装颠覆和分裂"。为了维护国土安全所采取的措施,既包括对外防备和抵抗侵略,也应当包括制止国内企图分裂国家的武装叛乱或者武装暴乱。例如,《反分裂国家法》明确规定,"台独"分裂势力以任何名义、任何方式造成台湾从中国分裂出去的事实,或者发生将会导致台湾从中国分裂出去的重大事变,或者和平统一的可能性完全丧失,国家得采取非和平方式及其他必要措施,捍卫国家主权和领土完整。采取非和平方式及其他必要措施,由国务院、中央军事委员会决定和组织实施,并及时向全国人民代表大会常务委员会报告。

● **阅读链接**

◆ **颇具闹剧色彩的"南海仲裁"**

2013年1月,菲律宾阿基诺三世政府单方面就中菲在南海的有关争议提起所谓国际仲裁。这是新中国成立以来首次针对我国领土主权和海洋权益提起的国际仲裁。中国政府立即表明了不接受、不参与、不承认的立场。在领土问题和海域划界争议上,中国不接受第三方争端解决方式,不接受任何强加于中国的争端解决方案。(来源:人民出版社2020年版《国家安全知识百问》。作者:《国家安全知识百问》编写组)

◆ **中印军人在加勒万河谷地区发生肢体冲突**

2020年以来,印度边防部队单方面抵边修建设施,中方多次就此提出交涉和抗议。5月6日凌晨,印度边防部队越线进入中国领土构工设障,阻拦中方边防部队正常巡逻,试图单方面改变边境管控现状。中方边防部队不得不采取必要措施,加强现场应对和边境地区管控。6月6日,在中方的大力推动下,双方经过多渠道沟通,两国边防部队举行首次军长级会晤,双方同意采取切实措施,缓和边境地区局势。印方承诺不越过加勒万河口巡逻和修建设施,双方通过现地指挥官会晤商定分批撤军事宜。

然而,印边防部队出尔反尔,严重违反两国有关边境问题协定协议,严重违反中印军长级会谈共识。6月15日晚间到16日凌晨,印军集中精干人员,渡过加勒万河谷,爬山前往我加勒万边防公路工地,试图干扰中方晚间施工作业,并试图在河对岸造成既成事实。印军进入工地后强行阻拦,打伤我军施工人员,并毁坏施工队财产,与我军施工队发生冲突。附近的解放军部队随后赶到,并与印度方面爆发激烈冲突。印军随后还呼叫了增援,前来增援的印军包括列城14军第三步兵师步兵。这两批人和我军先后战斗了6个小时,随后这群印度士兵被从山上赶到山下河谷附近,不少士兵最终掉进加勒万河冰冷的水中。根据印度国防部发布的消息,印军最终有3人当场死亡,17人伤重不治身亡,78人受伤,其中22人伤势严重。此次事件完全是由于印方违背共识、单方面挑衅造成的,完全是在双方认可的实控线中方一侧发生的,责任完全在印方。中方要求印方严惩肇事人,严格管束一线部队,确保此类事件不再发生。

中印边境发生军人肢体冲突后,印度军方相当不安分,除了和巴基斯坦、尼泊尔发生军事冲突,还在中印边境集结重兵,而且不断地从英国、法国、美国、俄罗斯等国购置各种先进的武器部署在边境地区,而且口出狂言称印度现在已经不是1962年时期的印度了。印军已将苏-30MKI、幻影2000、美洲豹、阿帕奇等几乎所有前线战机部署到了列城东部和实控线沿线的关键边境空军基地,甚至还将自家海军的米格-29K舰载机派到拉达克地区边境,意在加强军事态势。与此同时,印度军方还在不断"招兵买马",为中印边境地区今后可能出现的长期对峙做准备。印度国防部紧急批准了总额高达3890亿卢比(1卢比约合0.1元人民币）的武器装备采购项目，其中包括33架新型战机、300枚陆基远程巡航导弹、250枚空对空导弹等。

中印互为重要邻国，维护边境地区和平与安宁符合双方的共同利益，需要双方的共同努力。印方应该与中方相向而行，切实落实两国领导人重要共识，严格遵守双方达成的协定协议，继续通过各层级对话与谈判妥善解决有关问题，共同为缓和边境地区局势、维护边境地区和平稳定作出积极努力。（来源：北京时代华文书局2021年版《国家安全教育通识课》。作者：李大光）

第二章　维护国家安全的基本任务

第四节
关于"军事安全"

一、援引法条原文

国家加强武装力量革命化、现代化、正规化建设，建设与保卫国家安全和发展利益需要相适应的武装力量；实施积极防御军事战略方针，防备和抵御侵略，制止武装颠覆和分裂；开展国际军事安全合作，实施联合国维和、国际救援、海上护航和维护国家海外利益的军事行动，维护国家主权、安全、领土完整、发展利益和世界和平。

（本法条源自《中华人民共和国国家安全法》第十八条。其内容是对维护军事安全之任务作出的规定。）

二、立法背景及相关知识

军队是国家安全的坚强柱石，军事安全是国家安全的重要保障。强军才能卫国，强国必须强军。《宪法》第二十九条第二款、《国防法》第二十条规定："国家加强武装力量的革命化、现代化、正规化的建设，增强国防力量。"《国防法》第二十五条规定："中华人民共和国武装力量的规模应当与保卫国家主权、安全、发展利益的需要相适应。"本法条中关于武装力量建设目标的规定，即"国家加强武装力量革命化、现代化、正规化建设，建设与保卫国家安全和发展利益需要相适应的武装力量"，与《宪法》《国防法》的上述规定是高度一致的。

三、法条解读

（一）加强武装力量革命化、现代化、正规化建设

中华人民共和国的武装力量属于人民。为了有效履行《宪法》和《国防法》赋予的巩固国防、抵抗侵略、保卫祖国、保卫人民的和平劳动、参加国家建设事业、全心全意为人民服务的使命任务，必须加强武装力量的革命化、现代化、正规化建设。

一要毫不动摇坚持党对武装力量的领导，特别是党对军队的绝对领导，坚持不懈用中国特色社会主义理论体系武装全军，持续培育当代革命军人社会主义核心价值观，大力发展先进军事文化，坚决反对"军队非党化、非政治化"和"军队国家化"，永葆人民军队性质、本色、作风。

二要坚定不移把信息化作为军队现代化建设发展方向，推动信息化建设加速发展。加强高新技术武器装备建设，加快全面建设现代化后勤，培养大批高素质新型军事人才，深入开展信息化条件下军事训练，增强基于信息系统的体系作战能力。

三要深入推进依法治军、从严治军，更好发挥法治的引领和规范作用，建立一整套符合现代军事发展规律、体现我军特色的科学的组织模式、制度安排和运作方式，强化法治信仰和法治思维，按照法治要求转变治军方式，形成党委依法决策、机关依法指导、部队依法行动、官兵依法履职的良好局面，推动军队正规化建设向更高质量发展。

（二）建设与保卫国家安全和发展利益需要相适应的武装力量

建设与保卫国家安全和发展利益需要相适应的武装力量，也是有效维护国家安全的客观必然要求。当前，我国作为一个发展中大国，面临着多元复杂的国家安全威胁，生存安全问题和发展安全问题、传统安全威胁和非传统安全威胁相互交织，维护国家主权、安全、领土完整和发展利益的任务日益繁重。与此同时，军事技术和战争形态的革命性变化，对国际政治军事格局产生重大影响，使得我国军事安全面临严峻挑战。为有效应对国家安全领域

的风险挑战、捍卫国家安全和发展利益，必须紧紧围绕中国共产党在新形势下的强军目标，以国家核心安全需求为导向，加强武装力量的革命化、现代化、正规化建设，构建中国特色现代军事力量体系，不断提高军队应对多种安全威胁、完成多样化军事任务的能力。

党的十八大以来，党中央、中央军委和习近平主席围绕实现强军目标，统筹军队革命化、现代化、正规化建设，统筹经济建设和国防建设，制定新形势下军事战略方针，就深化国防和军队改革、全面实施改革强军战略作出重大决策部署。这是应对当今世界前所未有之大变局，有效维护国家安全的必然要求；是坚持和发展中国特色社会主义，协调推进"四个全面"战略布局的必然要求；是贯彻落实强军目标和军事战略方针，履行好军队使命任务的必然要求。深化国防和军队改革，必须深入贯彻党的十八大以来的一系列中央全会精神，以马克思列宁主义、毛泽东思想、邓小平理论、"三个代表"重要思想、科学发展观为指导，深入贯彻习近平新时代中国特色社会主义思想，按照"四个全面"战略布局要求，以党在新形势下的强军目标为引领，贯彻新形势下军事战略方针，全面实施改革强军战略，着力解决制约国防和军队发展的体制性障碍、结构性矛盾、政策性问题，推进军队组织形态现代化，进一步解放和发展战斗力，进一步解放和增强军队活力，建设同我国国际地位相称、同国家安全和发展利益相适应的巩固国防和强大军队，为实现"两个一百年"奋斗目标、实现中华民族伟大复兴的中国梦提供坚强力量保证。

（三）武装力量在维护国家安全中的主要职责

一是实施积极防御军事战略方针，防备和抵御侵略，制止武装颠覆和分裂。这一规定，与《国防法》第二十条关于我国武装力量的任务"是巩固国防，抵抗侵略，保卫祖国，保卫人民的和平劳动，参加国家建设事业，全心全意为人民服务"的规定，以及第六条国家"实行积极防御"的规定是一致的，同时也具有重要的现实指导意义。在长期的革命实践中，人民军队形成了一整套积极防御战略思想，坚持战略上防御与战役战斗上进攻相统一，坚持防御、自卫、后发制人的原则，坚持"人不犯我，我不犯人；人若犯我，我必犯人"的原则。新中国成立后，中央军委确立积极防御军事战略方针，

国家安全法律知识简读

并根据国家安全形势发展变化对其内容进行了多次调整。我国作为一个坚定不移走和平发展道路的社会主义国家，必须毫不动摇地坚持积极防御战略思想，同时还要适应新的历史时期形势任务要求，贯彻新形势下积极防御军事战略方针，调整军事斗争准备基点，创新基本作战思想，优化军事战略布局，不断丰富和发展这一思想的内涵，坚决捍卫国家安全。

二是开展国际军事安全合作，实施联合国维和、国际救援、海上护航和维护国家海外利益的军事行动。这既是对我军近些年来参加国际多边双边机制内一系列海外军事行动实践经验的总结，也为我军积极实施"走出去"战略，更好地担负起维护世界和平、维护国家海外利益的使命任务，提供了重要的法律依据。近些年来，我国实施的海外军事行动包括参加联合国维和、国际灾难救援和人道主义援助、维护国际海上通道安全、中外联演联训以及维护海外利益等军事行动。这些行动有效维护了国家安全和发展利益，维护了世界和平和地区稳定，赢得了国际社会的高度评价。我国恪守《联合国宪章》的宗旨和原则，遵守公认的国际法准则，根据《国家安全法》等法律的规定，继续实施联合国维和、国际救援、海上护航和维护国家海外利益的军事行动，坚定维护国家主权、安全、领土完整、发展利益和世界和平。

● **阅读链接**

随着我国国防实力的增强，我军新的武器装备以及重大军事活动均受到境外势力的高度关注。他们通过各种途径和手段搜集我国军事情报，危害我国军事安全的情况时有发生。

◆ **危害我国军事安全的案例**

洪某，原是某研究所办公室工作人员。2005年，他在互联网上发帖寻求兼职，被某间谍机构发现并收买，最终出卖了新型核潜艇的机密情报，对国家军事安全造成无法估量的损害。

郭某，曾从事我国某型号弹道导弹研制工作。因经不起境外间谍的重金诱惑，郭某向境外间谍组织提供了大量有关战略导弹的情报，包括某型号导弹的多项核心机密，其行为使我国国防工业遭受沉重的打击。2008年，郭某被判处死刑。（来源：人民教育出版社2022年版《高中生国家安全教育》。作者：《高中生国家安全教育》编写组）

第五节
关于"经济安全"

一、援引法条原文

国家维护国家基本经济制度和社会主义市场经济秩序，健全预防和化解经济安全风险的制度机制，保障关系国民经济命脉的重要行业和关键领域、重点产业、重大基础设施和重大建设项目以及其他重大经济利益安全。

（本法条源自《中华人民共和国国家安全法》第十九条。其内容是对于维护经济安全任务作出的规定。）

二、立法背景及相关知识

经济基础决定上层建筑，根据总体国家安全观的要求，保障经济安全是维护国家安全的基础。特别是在当前经济全球化的条件下，经济主权已经成为国家主权的重要组成部分。经济安全不仅关系国家的经济发展和风险防范，而且涉及国家的政治独立和主权完整。经济安全与政治独立是确保国家主权完整两个不可分割的要素，从近年来的许多实践看，没有经济安全，国家的政治独立就难以保障。从国家内部看，国家的经济如果受到大规模失业、金融市场紊乱、通货膨胀、贫困、粮食和资源能源供给不足等问题的冲击，发生经济不稳定的情况，国家的政治安全、社会安全等诸多方面的安全也会受到严重影响。党的十六大报告中提出"在扩大对外开放中，要十分注意维护国家经济安全"，这是第一次把"维护国家经济安全"写进党的代表大会的文件中。确保经济安全就是要维护和保持以下方面的要求：（1）经济生存和发展所需战略资源的有效供给能力和状态。（2）国民经济体系既独立又开放的良好稳定运行和科学持续发展，并抵御外来的及内部的冲击和蚕食的能力和状态。(3) 整体经济福利为本国人民共享而不受恶意侵害和不可抗力损害的能力和状态。(4) 国家经济主权和重要经济政策决定权不受外来威胁和控制的能力和状态。(5) 国际经济竞争保持独特优势而不受恶意伤害的能力和状态。

三、法条解读

(一) 关于国家基本经济制度和社会主义市场经济秩序

通常，广义上的经济安全包括了金融安全、资源能源安全、粮食安全等很多方面。本法第二十条至第二十二条分别对金融安全、资源能源安全和粮食安全的任务作了单独规定，第二十五条对于网络信息安全的任务作了专门规定。本条规定的经济安全主要是指维护我国的基本经济制度和经济秩序的安全。

经济制度是指人类社会一定历史发展阶段占统治地位的生产关系的总和，其内容包括生产资料归谁所有、生产过程中形成的人与人之间的关系，以及劳动产品的分配方式三个方面。其中，生产资料归谁所有，即生产资料的所有制形式起决定作用，决定了其他两个方面，也决定了经济制度的性质。我国《宪法》第六条规定："中华人民共和国的社会主义经济制度的基础是生产资料的社会主义公有制，即全民所有制和劳动群众集体所有制。社会主义公有制消灭人剥削人的制度，实行各尽所能、按劳分配的原则。""国家在社会主义初级阶段，坚持公有制为主体、多种所有制经济共同发展的基本经济制度，坚持按劳分配为主体、多种分配方式并存的分配制度。"党的十八届三中全会提出，公有制为主体、多种所有制经济共同发展的基本经济制度，是中国特色社会主义制度的重要支柱，也是社会主义市场经济体制的根基。我国是社会主义国家，公有制经济是我国基本经济制度的主体和基础。公有制经济主要包括全民所有制经济和集体所有制经济两种形式。此外，改革开放以来，各种性质的资产不断流动和重组，尤其是股份制企业的出现，带来了各种形式的混合所有制经济，其中的国有成分和集体成分也属于公有制经济。

国家安全法律知识简读

公有制经济在我国所有制结构中处于主体地位，这是由我国社会主义的国家性质决定的。公有制的主体地位主要体现在两个方面：第一，公有资产在社会总资产中占优势地位。第二，公有制经济控制国民经济命脉，对国民经济发展起主导作用。生产力决定生产关系，我国社会主义初级阶段的生产力发展状况，决定了除公有制以外的多种所有制经济应当共同发展。个体经济、私营经济等非公有制经济，也是社会主义市场经济的重要组成部分。党的十八大报告明确提出，毫不动摇鼓励、支持、引导非公有制经济发展，保证各种所有制经济依法平等使用生产要素、公平参与市场竞争、同等受到法律保护。

我国《宪法》第十五条规定："国家实行社会主义市场经济。""国家加强经济立法，完善宏观调控。""国家依法禁止任何组织或者个人扰乱社会经济秩序。"市场经济是和计划经济相对的概念。计划经济，是指国家通过制定各项计划，配置各种资源的一种经济模式。而市场经济，则是指通过市场来配置资源，企业的各种经营活动由企业根据市场变化自主决定，政府不予干涉的一种经济模式。在市场经济中，政府的主要任务在于进行宏观调控，通过货币、金融等政策手段对市场进行引导，并为企业提供服务。《宪法》明确规定，我国实行社会主义市场经济。这就是说：第一，要使市场在社会主义国家宏观调控下对资源配置起基础性作用，使经济活动遵循价值规律的要求，适应供求关系的变化，通过价格杠杆和竞争机制的功能，把资源配置到效益最好的环节中去，给企业以压力和动力，使其优胜劣汰；运用市场对各种经济信号反应比较灵敏的特点，促进生产和需求的及时协调。第二，要加强和改善国家对经济的宏观调控，克服市场自身的弱点。国家通过运用经济政策、计划指导和必要的行政管理，引导市场健康发展，健全统一、开放、竞争、有序的现代市场体系。第三，社会主义市场经济要和社会主义基本制度结合在一起。在所有制结构上，以公有制为主体，多种经济成分共同发展，不同经济成分还可以自愿实行多种形式的联合经营；在分配制度上，实行按劳分配为主体、多种分配方式并存，使劳动、资本、技术、管理等生产要素按贡献参与分配，坚持效率优先、兼顾公平，鼓励一部分人通过诚实劳动、合法经营先富起来，同时加强政府对收入分配的调节功能，防止收入悬殊，逐步实现共同富裕。自改革开放以来，根据《宪法》关于"加强经济立法"的要求，我国制定了涉及维护市场经济秩序各个领域的许多法律，例如《物权法》《反垄断法》《反不正当竞争法》《企业国有资产法》等。同时，《刑法》分则第三章专门设置了"破坏社会主义市场经济秩序罪"，共八节，从第一百四十条到二百三十一条，规定了"生产、销售伪劣商品罪""走私罪""妨害对公司、企业的管理秩序罪""破坏金融管理秩序罪""金融诈骗罪""危害税收征管罪""侵犯知识产权罪""扰乱市场秩序罪"等八类罪行，共计一百多个罪名。对于严重破坏社会主义市场经济秩序的行为，要依据《刑法》相关规定，追究法律责任。

（二）关于预防和化解经济安全风险的制度机制

我国现行有关法律法规对涉及经济安全的多个领域作出了规范，例如：涉及粮食安全的《农业法》《畜牧法》《中央储备粮管理条例》；涉及资源能源安全的《矿产资源法》《电力法》《煤炭法》《可再生能源法》《节约能源法》《对外合作开采陆上石油资源条例》《对外合作开采海洋石油资源条例》等；涉及金融安全的《中国人民银行法》《银行业监督管理法》《商业银行法》《反洗钱法》《保险法》《证券法》《外资银行管理条例》《外汇管理条例》《外资保险公司管理条例》《期货交易管理暂行条例》等；还有涉及外资和外贸管理的《对外贸易法》《反倾销条例》《反补贴条例》《保障措施条例》《国务院办公厅关于建立外国投资者并购境内企业安全审查制度的通知》等。

上述法律法规针对预防和化解经济安全风险规定了相关制度机制，比如在预防和化解金融风险方面，《中国人民银行法》第三十一条明确了央行监管金融市场，第三十四条规定，"当银行业金融机构出现支付困难，可能引发金融风险时，为了维护金融稳定，中国人民银行经国务院批准，有权对银行业金融机构进行检查监督"。《银行业监督管理法》第二十七条规定："国务院银行业监督管理机构应当建立银行业金融机构监督管理评级体系和风险预警机制，根据银行业金融机构的评级情况和风险状况，确定对其现场检查的频率、范围和需要采取的其他措施。"在预防和化解粮食安全风险方面，《农业法》

第五章专门对粮食安全作出了规定,该法第三十一条规定"国家采取措施保护和提高粮食综合生产能力,稳步提高粮食生产水平,保障粮食安全。国家建立耕地保护制度,对基本农田依法实行特殊保护"。在预防和化解对外贸易风险方面,《对外贸易法》第七条规定"任何国家或者地区在贸易方面对中华人民共和国采取歧视性的禁止、限制或者其他类似措施的,中华人民共和国可以根据实际情况对该国家或者该地区采取相应的措施"。第十六条规定"国家基于下列原因,可以限制或者禁止有关货物、技术的进口或者出口:(一)为维护国家安全、社会公共利益或者公共道德,需要限制或者禁止进口或者出口的;(二)为保护人的健康或者安全,保护动物、植物的生命或者健康,保护环境,需要限制或者禁止进口或者出口的;(三)为实施与黄金或者白银进出口有关的措施,需要限制或者禁止进口或者出口的;(四)国内供应短缺或者为有效保护可能用竭的自然资源,需要限制或者禁止出口的;(五)输往国家或者地区的市场容量有限,需要限制出口的;(六)出口经营秩序出现严重混乱,需要限制出口的;(七)为建立或者加快建立国内特定产业,需要限制进口的;(八)对任何形式的农业、牧业、渔业产品有必要限制进口的;(九)为保障国家国际金融地位和国际收支平衡,需要限制进口的;(十)依照法律、行政法规的规定,其他需要限制或者禁止进口或者出口的;(十一)根据我国缔结或者参加的国际条约、协定的规定,其他需要限制或者禁止进口或者出口的"。

目前相关法律法规规定的制度机制对于预防和化解经济安全风险起到了重要作用,但是也存在着一些领域的规定层级效力较低,不少重要领域关于经济安全的规定处于空白状况,一些制度可操作性不强等问题。因此,本条明确规定了要"健全预防和化解经济安全风险的制度机制",对下一步的工作提出了明确的要求。

(三)关于保障国家重大经济利益安全

经济安全是国家安全的基础,而保障关系国民经济命脉的重要行业和关键领域、重点产业、重大基础设施和重大建设项目以及其他重大经济利益安全是保障国家经济安全的基础之基础。许多西方国家为维护经济安全专门制

第二章　维护国家安全的基本任务

定了相关法律，其中对于重要基础设施和关键领域的安全也作出了规定。例如美国《外国投资与国家安全法》对于外商投资进行国家安全审查的考虑因素中，就明确规定了对美国关键基础设施、关键技术的影响以及对美国能源、关键资源和原材料的长期供给的影响等。

根据2006年国务院办公厅转发国资委《关于推进国有资本调整和国有企业重组的指导意见》的规定，关系国家安全和国民经济命脉的重要行业和关键领域主要包括涉及国家安全的行业，重大基础设施和重要矿产资源，提供重要公共产品和服务的行业，以及支柱产业和高新技术产业中的重要骨干企业。例如军工、石油石化、电网、电信、民用航空、航运、煤炭等。保障这些领域的安全，关键就是发挥国有经济的控制力。《宪法》第七条规定："国有经济，即社会主义全民所有制经济，是国民经济中的主导力量。国家保障国有经济的巩固和发展。"国有经济在国民经济中的主导作用，主要体现在对国民经济发展的正确导向和对经济运行整体态势的控制和影响上。国有经济要在关系国民经济命脉的重要行业和关键领域占支配地位，支撑、引导和带动社会经济的发展，在实现国家宏观调控目标中发挥关键作用。《企业国有资产法》第七条明确规定："国家采取措施，推动国有资本向关系国民经济命脉和国家安全的重要行业和关键领域集中，优化国有经济布局和结构，推进国有企业的改革和发展，提高国有经济的整体素质，增强国有经济的控制力、影响力。"党的十八届三中全会提出："国有资本投资运营要服务于国家战略目标，更多投向关系国家安全、国民经济命脉的重要行业和关键领域，重点提供公共服务、发展重要前瞻性战略性产业、保护生态环境、支持科技进步、保障国家安全。"2015年9月，国务院发布《国务院关于国有企业发展混合所有制经济的意见》，明确提出"提高国有资本配置和运行效率，优化国有经济布局，增强国有经济活力、控制力、影响力和抗风险能力"。

2004年《商务部关于做好维护国内产业安全工作的指导意见》明确提出："产业安全是我国经济安全的重要组成部分，是国家安全的重要基础。""做好维护产业安全工作的主要任务是为我国产业创造良好的生存环境，使其免受进口产品不公平竞争和进口激增造成的损害；为产业创造正常的发展条件，使各产业能够依靠自身的努力,在公平的市场环境中获得发展的空间,赢得利益,从而保证国民经济和社会全面、稳定、协调和可持续发展。"2012年《国务院办公厅转发发展改革委等部门关于加快培育国际合作和竞争新优势指导意见的通知》中进一步要求:"维护重点产业安全。加强产业损害预警机制建设,建立健全产业安全评估体系,完善和丰富贸易调查和贸易救济手段。组织开展重点国别产业损害预警磋商和对话。健全经营者集中反垄断审查制度,提高贸易摩擦应对和贸易救济能力,保护我国国家利益和产业发展权益。"

此外,维护交通、通信、能源、供水、排水、防洪、垃圾处理等重大基础设施和重大建设项目以及其他重大经济利益安全,都是保障国家经济安全的基础。

● 阅读链接

◆ 危害我国经济安全的案例

2009年7月5日,上海市国家安全局成功破获一起间谍案,涉案人员是澳大利亚力拓公司驻华代表胡某等4人。这一案件涉及国内众多知名钢铁企业。经查实,在中外进出口铁矿石谈判期间,胡某等人采取不正当手段,通过拉拢收买中国钢铁生产单位内部人员,刺探窃取我国国家秘密,使我国钢铁企业在铁矿石谈判中处于不利地位,我国因此蒙受了巨大经济损失。我国钢铁企业仅因铁矿石价格上涨就多支出7000多亿元,超过同期我国钢铁企业利润总和,相当于澳大利亚年国内生产总值的10%。(来源:人民教育出版社2022年版《高中生国家安全教育》。作者:《高中生国家安全教育》编写组)

第六节
关于"金融安全"

一、援引法条原文

国家健全金融宏观审慎管理和金融风险防范、处置机制，加强金融基础设施和基础能力建设，防范和化解系统性、区域性金融风险，防范和抵御外部金融风险的冲击。

（本法条源自《中华人民共和国国家安全法》第二十条。其内容是对于维护金融安全之任务作出的规定。）

二、立法背景及相关知识

金融是现代经济的核心，金融安全是经济安全的一个重要组成部分，具有举足轻重的地位。金融市场的稳定运行和健康发展，直接关涉金融秩序和社会政治的稳定，积极防范和化解金融风险是金融工作的生命线。我国对防范金融风险，维护金融安全十分重视，早在1997年亚洲金融危机之后，《中共中央、国务院关于深化金融改革，整顿金融秩序，防范金融风险的通知》就指出，金融业是高风险行业。金融风险突发性强、波及面广、危害极大，一旦爆发重大问题，就会危及经济、社会甚至政治稳定，严重影响改革开放和现代化建设的进程。防范和化解金融风险，保证金融安全、高效、稳健运行，是我国经济工作面临的一项重要和紧迫的任务。要建立与社会主义市场经济发展相适应的金融机构体系、金融市场体系和金融调控监管体系，化解金融风险，增强防范和抗御金融风险能力，为进一步全面推进改革开放和现代化建设创造良好的条件。改革开放以来，我国重视金融法治建设，建立了以《中国人民银行法》《商业银行法》《银行业监督管理法》《证券法》《保险法》等对金融监督管理行为、金融经营主体和经营行为的规范为主要内容的金融法律制度。上述法律规定，中国人民银行、中国银行保险监督管理委员会、中国证券监督管理委员会在各自职权内履行金融监管职责。

当前，我国经济社会发展呈稳中有进的态势，金融业保持稳健运行，金融体系风险总体可控，但国内外经济金融形势错综复杂，金融运行面临不少风险和挑战，主要有：企业债务率过高、偿付风险加大；部分行业和地区信用违约风险明显上升；流动性管理难度增大；部分"影子银行"业务存在潜在风险；保险公司满期给付和退保风险上升；跨境资本流动异常波动风险上升；金融业网络和信息安全存在隐患；金融网络和信息基础设施薄弱，灾备体系有待完善，空间布局不合理；核心软硬件依赖国外厂商，网络和信息安全风险自主可控能力不足；金融服务日益依赖互联网等开放系统，增加遭受攻击或者信息失窃的潜在风险；管理和应急处置能力亟待提升，信息安全保障机制不健全，技术、人力资源保障明显滞后；等等。

党的十八大以来，党中央和国务院多次就防范和化解金融风险，维护金融安全作出部署，提出要求。2012年，党的十八大提出：深化金融体制改革，健全促进宏观经济稳定、支持实体经济发展的现代金融体系；完善金融监管，维护金融稳定。2013年，十八届三中全会提出：完善金融市场体系，健全多层次资本市场体系，建立健全宏观审慎管理框架下的外债和资本流动管理体系；落实金融监管改革措施和稳健标准，完善监管协调机制，界定中央和地方金融监管职责和风险处置责任；建立存款保险制度，完善金融机构市场化退出机制；加强金融基础设施建设，保障金融市场安全高效运行和整体稳定。2014年，十八届四中全会提出，制定和完善金融法律法规。国务院及其有关部门，认真贯彻落实党的十八大以来党中央的部署，多措并举，防范和化解金融风险，维护金融安全。根据上述法律法规和政策文件，结合防范和化解金融风险的实践，本条规定了维护金融安全的任务，明确了防范和化解金融风险的措施和实现金融安全的目标。

三、法条解读

（一）国家健全金融宏观审慎管理机制

近年来国际金融危机表明，以防范单个金融机构风险、维护单个金融机构和市场稳定为目标的微观审慎监管，在防范系统性风险方面存在严重不足。防范金融风险要有宏观视野，单个金融机构的健康，并不等于金融体系的健康，因而需要建立宏观审慎管理框架。为弥补微观审慎监管的缺陷，切实防范系统性风险，加强宏观审慎管理已成为国际金融危机后主要国际组织和经济体金融监管改革一致的政策主张。2009年6月29日，国际清算银行发布年报，呼吁各国及国际社会采取宏观审慎的原则，并建立全球宏观审慎金融监管体系。2009年4月2日，二十国集团峰会宣布成立"金融稳定委员会"作为全球金融稳定的宏观审慎监管国际组织，在全球层面加强宏观审慎监管的合作与协调。二十国集团于2010年末批准了《巴塞尔协议Ⅲ》的基本框架，包含了加强宏观审慎管理、增强逆风向调节的诸多进展。

所谓宏观审慎管理，就是为了弥补传统货币政策工具和微观监管在防范系统性风险方面的不足，将金融业作为一个有机整体，以防范和管理跨行业、跨市场和跨经济周期中整个金融体系的风险。宏观审慎管理的主要内容是：不仅跟踪金融体系在当前经济形势下的运行状况，更关注金融体系在未来经济走势中可能出现的问题，既要保证金融对经济发展的持续促进作用，又要熨平经济周期对金融体系稳定性的影响，达到维护金融稳定、支持经济平衡发展的目标。为实现宏观审慎管理目标，在充分发挥价格型和数量型等传统政策工具作用的同时，需要通过丰富和补充新的工具，将资本金、杠杆率和流动性等传统微观工具的使用纳入宏观审慎管理中，发挥微观监管指标的宏观作用。

（二）国家健全金融风险防范、处置机制

健全的金融风险防范、处置机制，对于及时预测、防范和化解金融风险，有效应对金融业突发事件具有重要意义。金融风险防范、处置机制越健全，

应对金融风险的效率就越高。为维护金融安全，我国法律、法规、规章等对建立健全金融风险防范、处置机制作了规定。《银行业监督管理法》规定：国务院银行业监督管理机构应当建立银行业金融机构监督管理评级体系和风险预警机制，根据银行业金融机构的评级情况和风险状况，确定对其现场检查的频率、范围和需要采取的其他措施。国务院银行业监督管理机构应当会同中国人民银行、国务院财政部门等有关部门建立银行业突发事件处置制度，制定银行业突发事件处置预案，明确处置机构和人员及其职责、处置措施和处置程序，及时、有效地处置银行业突发事件。《商业银行法》《证券法》《保险法》分别规定了商业银行、保险公司、证券公司应当建立健全本行业的风险管理和内部控制制度。目前，国务院办公厅和有关部门出台了《国家金融突发事件应急预案》《中国人民银行突发事件应急预案管理办法》《银行业金融机构安全评估办法》《金融机构计算机信息系统安全保护工作暂行规定》和《关于加强保险业突发事件应急管理工作的通知》等。为了进一步健全金融风险防范、处置机制，2012年《国务院关于印发服务业发展"十二五"规划的通知》提出，加强金融市场体系建设。完善现代金融企业制度，强化内部治理和风险管理。维护金融业安全稳健运行。建立健全系统性金融风险防范预警体系、评估体系和处置机制，加强对系统重要性金融机构的监管。2012年《国务院办公厅转发发展改革委等部门关于加快培育国际合作和竞争新优势指导意见的通知》提出，完善风险防范机制，切实保障经济安全。确保金融体系安全。加强宏观审慎管理，研究跨国金融机构及跨境资本流动对我国经济金融产生的影响，制定相关风险评估、风险预警及风险应对方案，提高对跨境资本流动的监测和风险应对能力。加强金融基础设施建设，切实发挥金融安全网的作用，提高系统性风险处置能力。

（三）加强金融基础设施和基础能力建设

金融基础设施是指金融运行的硬件设施和制度安排；主要包括支付体系、法律环境、公司治理、会计准则、信用环境、反洗钱以及由金融监管、中央银行最后贷款人职能、投资者保护制度组成的金融安全网等。金融市场基础设施是金融市场运行的核心支撑，也是跨机构、跨市场、跨地域、跨国界开展金融活动的主要渠道，金融市场基础设施对于畅通货币政策传导机制、加速社会资金周转、优化社会资源配置、维护金融稳定并促进经济增长具有重要意义。

金融基础设施和基础能力建设对维护金融安全至关重要。金融基础设施越发达、金融基础能力越强，国家的金融体系承受外部冲击的能力就越强。《中国人民银行法》规定，中国人民银行应当组织或者协助组织银行业金融机构相互之间的清算系统，协调银行业金融机构相互之间的清算事项，提供清算服务。具体办法由中国人民银行制定。中国人民银行会同国务院银行业监督管理机构制定支付结算规则。《商业银行法》《证券法》《保险法》分别规定，设立商业银行、证券公司、保险公司应当具备健全的组织机构和管理制度，有符合要求的营业场所和与业务有关的其他设施。《征信业管理条例》专章规定了"金融信用信息基础数据库"，明确国家设立金融信用信息基础数据库，为防范金融风险、促进金融业发展提供相关信息服务。此外，为防范支付风险，中国人民银行制定了《非金融机构支付服务业务系统检测认证管理规定》《非金融机构支付服务管理办法》《支付结算业务代理办法》等规章。

2013年十八届三中全会提出，加强金融基础设施建设，保障金融市场安全高效运行和整体稳定。根据国务院的有关报告，当前加强金融基础设施和基础能力建设主要包括：建立健全我国金融市场基础设施宏观审慎管理框架，继续完善支付系统、证券期货交易结算系统等金融基础设施，建设安全高效的人民币跨境支付系统，推进金融业灾备中心合理布局，强化金融机构内控管理，提高防范网络攻击、应对重大灾难与技术故障的能力，逐步推进金融信息系统和密码应用等核心技术的国产化，建立健全与国际衔接、自主升级、独立可控的金融信息安全标准体系。

（四）防范和化解系统性、区域性金融风险，防范和抵御外部金融风险的冲击

金融安全的核心内容是抵御国内外因素对金融体系带来的不利影响，包括对内和对外两个部分。对内主要是维护金融稳定，保障金融体系的稳健、有序运行。对外主要是金融主权独立，防范境外金融风险对国内金融体系的冲击和境外敌对势力对我国金融体系的破坏。因此，国家采取本条规定的上

述三项维护金融安全的措施,就是为了规范金融活动行为,保障金融市场秩序,增强预防和化解金融风险能力,牢牢守住不发生系统性、区域性金融风险的底线,防范和抵御外部金融风险的冲击,切实维护国家金融安全。

为了防范和化解系统性金融风险,我国遵守二十国集团峰会和金融稳定理事会承诺,正在制定实施中国版《巴塞尔协议Ⅲ》,确立微观审慎和宏观审慎相结合的金融监管新模式,综合启动动态资本、动态拨备、流动性和杠杆率这四大新监管工具,搭建中国金融业新的监管框架。为加强和改进金融监管,增强金融风险防范能力,2013年8月,国务院批准中国人民银行牵头建立金融监管协调部际联席会议制度,对防范化解金融领域重大风险隐患等重大政策事项进行研究、达成共识,健全金融监管协调机制,增强金融监管合力。为了防范和化解重点领域和地区金融风险,组织专门力量加强地方政府性债务核查,指导金融机构做好各级地方融资平台债务管理。督促金融机构加强对产能过剩行业、房地产和钢材等重点风险领域和不良贷款快速上升地区的信用风险排查,做好风险防控预案,同时防止"一刀切"式的抽贷、停贷、压贷造成企业资金链断裂,避免形成新的不良贷款。严厉打击非法集资、非法证券期货等非法金融活动,清理整顿各类违法违规交易场所等。

随着我国金融体系对外开放与融入程度的提高,国际金融市场波动对我国金融安全的影响大为增强,对此必须引起高度重视。我国《外资银行管理条例》等行政法规和规章规定了对外资银行以及金融机构的监督管理。《证券法》规定,境内企业直接或者间接到境外发行证券或者将其证券在境外上市交易,应当符合国务院的有关规定。为加强外汇管理、促进国际收支平衡,还制定了《外汇管理条例》《国家货币出入境管理办法》等。这些法律法规指出,要密切关注国际经济特别是金融市场的变化态势,密切关注国内金融市场和资本市场的变化态势,充分估计国际金融危机对我国经济可能产生的不利影响,增强忧患意识,积极应对挑战。要加强我国金融机构风险的预防预警监测,做好金融突发事件应对预案,冷静观察,提前做好有效的应对准备。最重要的是要把我国自己的事情办好,加强和完善我国金融体系建设,提高自身抵御金融风险和危机的能力。

第二章 维护国家安全的基本任务

● **阅读链接**

◆ **危害我国金融安全的案例**

2015年六七月间,我国证券期货市场出现异常巨幅波动,广大投资者蒙受巨大损失。经周密调查,公安部门掌握了外商投资的伊世顿国际贸易有限公司(以下简称"伊世顿公司")涉嫌操纵期货市场等犯罪线索。

经查明,伊世顿公司系外籍人士乔治·扎尔亚、安东·穆拉绍夫在香港各自注册成立一家公司后,于2012年9月用这两家公司名义在江苏省张家港保税区以美元出资注册成立的贸易公司。受扎尔亚、穆拉绍夫指使,为规避中国金融期货交易所相关规定的限制,犯罪嫌疑人高某先后向亲友借来个人或特殊法人期货账户31个,供伊世顿公司组成账户组进行交易。伊世顿公司以贸易公司为名,隐瞒实际控制的期货账户数量,以50万美元注册资本金以及他人出借的360万元人民币作为初始资金,在中国参与股指期货交易。伊世顿账户组通过高频程序化交易软件自动批量下单、快速下单,申报价格明显偏离市场最新价格,实现包括自买自卖在内的大量交易,利用保证金杠杆比例等交易规则,以较小的资金投入反复开仓、平仓,使盈利在短期内快速放大,非法获利高达20多亿元人民币。

伊世顿公司的违法行为严重危害了我国金融安全,多名犯罪嫌疑人被依法批准逮捕,涉案资金被依法冻结。(来源:人民教育出版社2022年版《高中生国家安全教育》。作者:《高中生国家安全教育》编写组)

第七节
关于"资源能源安全"

一、援引法条原文

国家合理利用和保护资源能源,有效管控战略资源能源的开发,加强战略资源能源储备,完善资源能源运输战略通道建设和安全保护措施,加强国际资源能源合作,全面提升应急保障能力,保障经济社会发展所需的资源能源持续、可靠和有效供给。

(本法条源自《中华人民共和国国家安全法》第二十一条。其内容是对于维护资源能源安全之任务作出的规定。)

二、立法背景及相关知识

资源能源安全是一个国家或地区可以持续、稳定、及时、足量和经济地获取所需自然资源和能源的状态。资源安全分为战略性资源安全和非战略性资源安全,又可分为:水资源安全、土地资源安全、矿产资源安全、生物资源安全、海洋资源安全、环境资源安全等。广义上的资源安全也包括能源安全,但是考虑到目前能源在国家发展建设中的重要地位,本法将资源与能源并列为资源能源安全。

资源能源安全在国家安全中占有基础地位,是人民群众和整个国家生存与发展的不可或缺的物质基础。资源能源安全距离人们日常生活很近,国际和国内燃油价格的变化、耕地面积持续减少和质量不断下降,都可以归结为资源能源安全方面出现了问题。资源能源安全还是非传统安全的重要方面,并与环境安全、生态安全、粮食安全及经济安全有着密切联系。特别是从能源看,目前我国能源安全面临着国际、国内两方面的威胁。从国际看,全球气候变化、国际金融危机、欧洲主权债务危机、俄乌冲突、巴以冲突、地缘政治等因素对国际能源形势产生重要影响,世界能源市场更加复杂多变,不稳定性和不确定性进一步增加。从国内看,能源发展的长期矛盾和短期问题相互交织,国内因素与国际因素互相影响,资源和环境约束进一步加剧,节能减排形势严峻,能源资源对外依存度快速攀升,能源控总量、调结构、保安全面临全新的挑战。

本法条关于资源能源安全的规定,强调要统筹国内国外资源能源,加强境外油气供应保障和油气等储备应急能力建设,保持较高国内资源能源自给能力,保障经济社会发展的自然资源及资源性产品处于持续、可靠、有效供给的状态。本条要求总体上要合理利用和保护资源能源,保障经济社会发展所需的资源能源持续、可靠和有效供给,并从开发、储备、运输、应急保障和国际合作五个方面提出了具体要求。

三、法条解读

(一) 有效管控战略资源能源开发

维护资源能源安全,应当开源与节流并举。我国《宪法》规定,矿藏、水流、森林、山岭、草原、荒地、滩涂等自然资源,都属于国家所有,即全民所有;由法律规定属于集体所有的森林和山岭、草原、荒地、滩涂除外。国家保障自然资源的合理利用,保护珍贵的动物和植物。禁止任何组织或者个人用任何手段侵占或者破坏自然资源。资源能源安全从源头看,就是在开发上要以我为主,加大国内资源能源勘探开发,减少对外依存度。国务院颁布的《能源发展"十二五"规划》明确提出,能源发展的基本原则之一就是"坚持立足国内",立足国内资源优势和发展基础,着力增强能源供给保障能力,完善能源储备应急体系,合理控制对外依存度,提高能源安全保障水平。

为了有效管控战略资源能源的开发,我国一些法律法规对资源能源开发的规划、计划提出了明确要求。例如,《煤炭法》明确规定国家对煤炭开发实行统一规划、合理布局、综合利用的方针。《煤炭法》规定,国务院煤炭管理部门根据全国矿产资源勘查规划编制全国煤炭资源勘查规划,根据全国矿产资源规划规定的煤炭资源,组织编制和实施煤炭生产开发规划。省、自治区、直辖市人民政府煤炭管理部门根据全国矿产资源规划规定的煤炭资源,组织编制和实施本地区煤炭生产开发规划,并报国务院煤炭管理部门备案。煤炭生产开发规划应当根据国民经济和社会发展的需要制定,并纳入国民经济和社会发展计划。《森林法》规定对森林实行限额采伐。《森林法》规定,国家严格控制森林年采伐量。省、自治区、直辖市人民政府林业主管部门根据消耗量低于生长量和森林分类经营管理的原则,编制本行政区域的年采伐限额,经征求国务院林业主管部门意见,报本级人民政府批准后公布实施,并报国务院备案。重点林区的年采伐限额,由国务院林业主管部门编制,报国务院批准后公布实施。

此外,国家开发资源能源还要坚持多元发展的原则。着力提高清洁低碳化石能源和非化石能源比重,大力推进煤炭高效清洁利用,科学实施传统能源替代,加快优化能源生产和消费结构。《可再生能源法》明确规定,国家将可再生能源的开发利用列为能源发展的优先领域,通过制定可再生能源开发利用总量目标和采取相应措施,推动可再生能源市场的建立和发展。同时,该法还对可再生能源的资源调查与发展规划、产业指导与技术支持、推广与应用、价格管理与费用补偿、经济激励与监督措施、法律责任等方面作了规定。

(二)加强战略资源能源储备

实行战略资源储备和能源储备,是确保资源能源安全,保障突发情况下资源能源有效应急供给的重要措施。我国国民经济和社会发展第十个五年计划中就明确提出要完善国家战略资源储备制度。《能源发展"十二五"规划》中提出要完善能源储备应急体系。我国的战略资源能源储备实行实物储备和资源地、能源地储备相结合的方式。例如,《能源发展"十二五"规划》提出:优化储备布局和结构,建成国家石油储备基地二期工程,启动三期工程,加快华北、西北、西南及东南沿海地区天然气地下储气库和液化天然气储备库建设;加快在沿海、沿江港口及华东、华中、西南等地区建设国家煤炭应急储备，鼓励重点厂矿企业提高仓储能力等。这些要求主要侧重于实物储备，而对于一些战略性的资源、能源，也可以实行资源地、能源地储备。例如《国务院关于促进稀土行业持续健康发展的若干意见》提出，按照国家储备与企业（商业）储备、实物储备和资源（地）储备相结合的方式，建立稀土战略储备。统筹规划南方离子型稀土和北方轻稀土资源的开采，划定一批国家规划矿区作为战略资源储备地。对列入国家储备的资源地，由当地政府负责监管和保护，未经国家批准不得开采。

（三）完善资源能源运输战略通道建设和安全保护措施

资源能源运输的战略通道，既包括海外资源能源进口的战略通道，也包括国内不同地区之间资源能源运输调配的通道。从运输的形式看，现代五大交通运输方式包括铁路运输、公路运输、水路运输、航空运输和管道运输，涵盖了油气管线、输电骨干网络、大型码头、专线铁路等。

根据《能源发展"十二五"规划》的要求，"十二五"时期，新增原油管道8400公里，新增成品油管道2.1万公里，成品油年输送能力新增1.9亿吨；新增天然气管道4.4万公里，沿海液化天然气年接收能力新增5000万吨以上。加快西北（中哈）、东北（中俄）和西南（中缅）三大陆路原油进口通道建设，加强配套干线管道建设；适应海运原油进口需要，加强沿海大型原油接卸码头及陆上配套管道建设。加强西北、东北成品油外输管道建设，完善华北、华东、华南、华中和西南等主要消费地区的区域管网。加快建设西北（中国—中亚）、东北（中俄）、西南（中缅）和海上四大进口通道，形成以西气东输、川气东送、陕京输气管道为大动脉，连接主要生产区、消费区和储气库的骨干管网。坚持输煤输电并举，逐步提高输电比重。结合大型能源基地建设，采用特高压等大容量、高效率、远距离先进输电技术，稳步推进西南能源基地向华东、华中地区和广东省输电通道，鄂尔多斯盆地、山西、锡林郭勒盟能源基地向华北、华中、华东地区输电通道。加快既有铁路干线扩能改造和新建铁路煤运通道建设，提高煤炭跨区运输能力。

为了保护石油、天然气管道，保障石油、天然气输送安全，维护国家能源安全和公共安全，全国人大常委会于2010年制定了《中华人民共和国石油天然气管道保护法》。为了有效地保护管道及其运行安全，规定了四类保护措施：一是为了保障管道建成后的安全运行，及时、有效地防范和处理管道事故，规定了管道企业对运行的管道进行巡护、检测、维修的制度；二是规定禁止各类直接危害管道的行为；三是根据各类行为对管道的危害程度，以及发生管道事故可能对沿线地区公共安全造成的影响，分别规定了管道中心线两侧不同地域范围内，禁止从事的危害管道的行为，根据管道安全保护的技术要求，分别规定了不同的保护距离；四是为了在保护管道的同时，尽可能减少对沿线地区正常经济社会活动的影响，对保护距离内可能危害管道的行为没有完全禁止，而是规定有关批准程序。此外，《中华人民共和国电力法》也对电力设施的保护，包括对电力线路设施及其有关辅助设施的保护作了规定。

（四）加强国际资源能源合作

中国的发展离不开世界，世界的繁荣需要中国。随着全球化的不断深入，我国在资源能源发展方面与世界联系日益紧密。我国的资源能源发展，不仅保障了本国经济社会发展，也为维护世界资源能源安全和保持全球市场稳定作出了贡献。世界一体化进程也决定了我国资源能源的使用离不开国际合作，立足自身供给，开展国际合作，是保证国家资源能源安全的两个方面。2008年6月22日，习近平主席在国际能源会议讲话中提出，能源问题是全球性问题。促进世界能源供求平衡、维护世界能源安全，是世界各国共同面临的紧迫任务。为保障全球能源安全，国际社会应该树立和落实互利合作、多元发展、协同保障的新能源安全观，建立清洁、经济、安全可靠的世界能源供应体系。

在双边合作方面，我国与美国、欧盟、日本、俄罗斯、哈萨克斯坦、土库曼斯坦、乌兹别克斯坦、巴西、阿根廷、委内瑞拉等国家和地区建立了能源对话与合作机制，在油气、煤炭、电力、可再生能源、科技装备和能源政策等领域加强对话、交流与合作。在多边合作方面，我国是亚太经济合作组织能源工作组、二十国集团、上海合作组织、世界能源理事会、国际能源论坛等组织和机制的正式成员或重要参与方，是能源宪章的观察员国，与国际能源署、石油输出国组织等机构保持着密切联系。

目前加强国际资源能源合作主要有四种形式："走出去"、"引进来"、国际贸易和完善国际合作支持体系。第一，着眼于增强全球油气供应能力，发挥我国市场和技术优势，深入开展与能源资源国的务实合作。继续加强海外油气资源合作开发。积极推进炼化及储运业务合作。支持优势能源企业参与境外煤炭资源开发，开展境外电力合作。依托境外能源项目合作，带动能源装备及工程服务"走出去"。第二，根据《外商投资产业指导目录》《中西部地区外商投资优势产业目录》等政策文件，我国鼓励外商以合作的方式，进行石油天然气勘探开发，开展页岩油气、煤层气等非常规油气资源勘探开发。鼓励投资建设新能源电站、以发电为主的水电站和采用洁净燃烧技术的电站，以及中方控股的核电站。鼓励跨国能源公司在华设立研发中心。第三，优化资源能源贸易结构，推进资源能源贸易主题、贸易方式、贸易渠道等多元化。第四，完善国际合作支持体系。积极参与全球能源治理，充分利用国际能源多边和双边合作机制，加强能源安全、节能减排、气候变化、清洁能源开发等方面的交流对话，推动建立公平、合理的全球能源新秩序，协同保障能源安全。

（五）全面提升应急保障能力

根据本法条的要求，有关部门应当进一步健全资源能源应急组织系统，明确政府及各类社会主体的应急责任和义务。按照统一领导、分级负责、分类实施、协同保障的原则，完善应急保障预案，依法采取资源能源生产运输紧急调度、储备动用和价格干预等措施。加强系统演练，提高全社会资源能源安全应急意识和能力。

● 阅读链接

◆ 中东战争

1967年第三次中东战争后,包括沙特在内的石油输出国组织(OPEC)阿拉伯成员国成立另一个组织——阿拉伯石油输出国组织(OAPEC),以集中向支持以色列的西方国家施压。

1973年10月第四次中东战争爆发,OAPEC为了打击对手以色列及支持以色列的国家,宣布石油禁运,暂停出口,由此造成油价大幅度上涨,引起了一些西方国家的经济衰退。(来源:人民教育出版社2022年版《初中生国家安全教育》。作者:《初中生国家安全教育》编写组)

第八节 关于"粮食安全"

一、援引法条原文

国家健全粮食安全保障体系,保护和提高粮食综合生产能力,完善粮食储备制度、流通体系和市场调控机制,健全粮食安全预警制度,保障粮食供给和质量安全。

(本法条源自《中华人民共和国国家安全法》第二十二条。其内容是对于维护粮食安全之任务作出的规定。)

二、立法背景及相关知识

"洪范八政,食为政首",粮食安全是实现我国经济发展、国家安全和社会稳定的重要基础。党和国家历来高度重视粮食安全,始终把饭碗牢牢端在自己手上作为治国理政长期坚持的基本方针。在新中国成立初期即开始大力发展农业生产,实行战略粮油储备。近年来,在工业化和城镇化进程加快、耕地面积逐年减少、居民消费水平日益提高的情况下,实现了粮食产量的稳定增长,保证了居民食物消费和经济社会发展对粮食的基本需求。当前我国粮食安全形势总体是好的,粮食综合生产能力稳步提高,食物供给日益丰富,供需基本平衡。但我国人口众多,对粮食的需求量大,粮食安全的基础比较脆弱。从今后发展趋势看,随着工业化、城镇化的发展以及人口增加和人民生活水平提高,粮食消费需求将呈刚性增长,而耕地减少、水资源短缺、气候变化等对粮食生产的约束因素日益突出。我国粮食的供需将长期处于"紧平衡"状态,保障粮食安全面临严峻挑战。进入21世纪后,党和国家更是从战略全局高度重视粮食安全,2015年中共中央、国务院印发《关于加大改革

创新力度 加快农业现代化建设的若干意见》，连续12年在"中央一号文件"中聚焦"三农"问题，其中最重要的是粮食安全，也就是既要保证粮食有效供给，又要保证粮食质量安全。通过长期制度建设，我国的《农业法》《土地管理法》等法律、《粮食流通管理条例》等行政法规以及一系列中央文件对保障粮食安全的制度、机制和措施作出了规定，同时，为适应国家粮食安全新形势和加快农业现代化建设需要不断调整完善。

三、法条解读

（一）健全国家粮食安全保障体系

国家粮食安全保障体系是保障粮食安全的系统工程，它包括了保障粮食安全的目标、任务、制度、机制与措施。2007年"中央一号文件"《中共中央 国务院关于积极发展现代农业扎实推进社会主义新农村建设的若干意见》提出，继续坚持立足国内保障粮食基本自给的方针，逐步构建供给稳定、调控有力、运转高效的粮食安全保障体系。2008年发布的《国家粮食安全中长期规划纲要（2008—2020年）》提出，保障粮食安全要坚持立足于基本靠国内保障粮食供给，加大政策和投入支持力度，严格保护耕地，依靠科学技术进步，着力提高粮食综合生产能力、完善粮食流通体系、加强粮食宏观调控，构建适应社会主义市场经济发展要求和符合我国国情的粮食安全保障体系。

2014年1月19日，中共中央、国务院印发《关于全面深化农村改革加快推进农业现代化的若干意见》，明确提出"完善国家粮食安全保障体系"，包括五个方面。第一，抓紧构建新形势下的国家粮食安全战略。（1）实施"以我为主、立足国内、确保产能、适度进口、科技支撑"的国家粮食安全战略。（2）严守耕地保护红线，划定永久基本农田，不断提升农业综合生产能力。（3）积极地利用国际农产品市场和农业资源，有效调剂和补充国内粮食供给。（4）在重视粮食数量的同时，更加注重品质和质量安全。（5）建立健全粮食安全省长责任制，明确中央和地方的粮食安全责任与分工。（6）增强全社会节粮意识，在生产流通消费全程推广节粮减损设施和技术。第二，完善粮食

第二章　维护国家安全的基本任务

等重要农产品价格形成机制。逐步建立农产品目标价格制度。第三，健全农产品市场调控制度。保障重要农产品市场基本稳定，完善中央储备粮管理体制。第四，合理利用国际农产品市场。第五，强化农产品质量和食品安全监管。

2014年国务院印发《国务院关于建立健全粮食安全省长责任制的若干意见》指出，为加快构建国家粮食安全保障体系，进一步明确地方政府维护国家粮食安全的责任，要求各省（区、市）人民政府必须切实承担起保障本地区粮食安全的主体责任，全面加强粮食生产、储备和流通能力建设，包括：（1）巩固和提高粮食生产能力；（2）管好地方粮食储备，确保储备粮数量充足、结构合理、质量良好、调用高效；（3）加强粮食流通能力建设；（4）完善区域粮食市场调控机制，维护粮食市场稳定；（5）健全粮食质量安全保障体系，落实监管责任；等等。

（二）保护和提高粮食综合生产能力

保证粮食的可供应数量是国家粮食安全的物质基础，核心是保护和提高粮食综合生产能力。为此，《农业法》第三十一条第一款规定："国家采取措施保护和提高粮食综合生产能力，稳步提高粮食生产水平，保障粮食安全。"2015年"中央一号文件"也把"不断增强粮食生产能力"作为第一个突出问题加以强调。保护和提高粮食综合生产能力要靠国家采取以下一系列措施加以支撑。

一是落实最严格的耕地保护制度。粮食安全的根基在耕地。《农业法》规定："国家建立耕地保护制度，对基本农田依法实行特殊保护。"《土地管理法》规定："国家保护耕地，严格控制耕地转为非耕地。""国家实行永久基本农田保护制度。"要坚决守住耕地红线，落实最严格的耕地保护制度。确保全国耕地保有量不低于18亿亩，基本农田保有量不低于15.6亿亩。二是其他制度举措。包括《农业法》规定的国家在政策、资金、技术等方面对粮食主产区给予重点扶持，建设稳定的商品粮生产基地，改善粮食收贮及加工设施，提高粮食主产区的粮食生产、加工水平和经济效益，对部分粮食品种实行保护价制度，等等。还包括政策文件提出的，如：（1）加强耕地质量建设，采取综合措施提高耕地基础地力，提升产出能力；（2）严格控制非农建设占用耕地，实行耕地补偿制度；（3）加强农田水利建设，加快建设高标准农田；（4）提高粮食生产科技水平；（5）切实抓好防灾减灾，有效减轻灾害损失；（6）建立新型粮食生产经营体系；（7）增强粮食可持续生产能力；（8）落实和完善粮食扶持政策，抓好粮食收购，努力提高种粮比较收益，切实保护种粮积极性；等等。

（三）建立健全和落实粮食储备制度

"手中有粮，心里不慌"，粮食储备制度是粮食安全保障体系的重要组成部分，在稳定市场、备荒、恤农等方面发挥了重要作用。《农业法》规定，国务院应当制定粮食安全保障目标与粮食储备数量指标，并根据需要组织有关主管部门进行耕地、粮食库存情况的核查。国家对粮食实行中央和地方分级储备调节制度，建设仓储运输体系。承担国家粮食储备任务的企业应当按照国家规定保证储备粮的数量和质量。

20世纪90年代，我国建立了国家专项粮食储备制度。国务院明确提出，建立和健全粮食储备制度，逐步建立起一套粮食储备体系。要求加快完善中央和地方两级粮食储备体系，建立健全储备粮管理制度；中央储备粮实行垂直管理体制；各地区建立省级粮食储备；建立健全储备粮管理的各项制度。2004年发布、2021年第三次修订的《粮食流通管理条例》明确规定，国家实行中央和地方分级粮食储备制度。粮食储备用于调节粮食供求、稳定粮食市场，以及应对重大自然灾害或者其他突发事件等情况。目前，我国实行的粮食储备制度，包括中央战略专项储备与调节周转储备相结合、中央储备与地方储备相结合、政府储备与企业商业最低库存相结合制度。

实行粮食储备是法律法规确立的一项重要制度。《农业法》《粮食流通管理条例》《中央储备粮管理条例》和有关政策文件等规定：（1）国家对粮食实行中央和地方分级储备调节制度，建设仓储运输体系，承担国家粮食储备任务的企业应当按照国家规定保证储备粮的数量和质量；（2）国家建立粮食风险基金，用于支持粮食储备、稳定粮食市场和保护农民利益；（3）建立中央储备粮吞吐、轮换机制；（4）销区地方储备粮轮换与产区粮食收购紧密衔接的工作机制；(5)储备粮监管制度；(6)国有粮食仓储物流设施保护制度；等等。

严格落实和不断完善粮食储备制度是国家粮食宏观调控的重要手段。在近些年中央文件中，多次对此提出要求。第一，完善中央储备粮管理体制，鼓励符合条件的多元市场主体参与大宗农产品政策性收储。科学确定重要农产品储备功能和规模，强化地方尤其是主销区的储备责任，优化区域布局和品种结构。第二，明确粮食安全省长责任制的一项重要职责就是"管好地方粮食储备"，要求切实落实地方粮食储备。严格按照国家有关部门确定的储备规模和完成时限，抓紧充实地方粮食储备。进一步优化储备布局和品种结构，落实储备费用和利息补贴资金，完善轮换管理和库存监管机制。定期将地方粮食储备品种、数量和布局等信息报送国家有关部门。创新地方粮食储备机制。探索建立政府储备和社会储备相结合的分梯级粮食储备新机制。建立地方和中央粮食储备协调机制，充分发挥调控市场、稳定粮价的协同效应。第三，根据加快农业现代化建设需要，提出加快千亿斤粮食新建仓容建设进度，尽快形成中央和地方职责分工明确的粮食收储机制，提高粮食收储保障能力，继续实施农户科学储粮工程。

（四）完善粮食流通体系和市场调控机制

"谷贱伤农、谷贵伤民"，加强粮食流通体系和市场调控机制建设，对于保护和提高农民粮食生产积极性，稳定粮食市场价格和供应至关重要。

从2004年起，我国全面放开粮食收购市场和价格，积极稳妥推进粮食流通体制改革。2008年国务院下发《国家粮食安全中长期规划纲要（2008—2020年）》后，继续深化粮食流通体制改革、健全粮食市场体系、加强粮食物流体系建设等方面取得新进展。目前，粮食购销市场化和市场主体多元化的格局基本实现，以市场供求为基础的粮食价格形成机制逐步建立，统一、开放、竞争、有序的粮食市场体系基本形成。

在市场经济条件下，要确保粮食供应和价格基本稳定，加强和改善宏观调控至关重要。《农业法》《粮食流通管理条例》和有关政策文件，对宏观调控的目标、手段，粮食储备制度，粮食风险基金制度，粮食市场供求形势的监测和预警分析以及信息发布制度等作出了规定。主要包括：国家采取储备粮吞吐、委托收购、粮食进出口等多种经济手段和价格干预等必要的行政手段，加强对粮食市场的调控，保持全国粮食供求总量基本平衡和价格基本稳定。国务院和地方人民政府建立健全粮食风险基金制度。粮食风险基金主要用于对种粮农民直接补贴、支持粮食储备、稳定粮食市场等。当粮食供求关系发生重大变化时，为保障市场供应、保护种粮农民利益，必要时可由国务院决定对短缺的重点粮食品种在粮食主产区实行最低收购价格。当粮食价格显著上涨或者有可能显著上涨时，国务院和省、自治区、直辖市人民政府可以按照价格法的规定，采取价格干预措施。国家鼓励粮食主产区和主销区以多种形式建立稳定的产销关系，鼓励建立产销一体化的粮食经营企业，发展订单农业，在执行最低收购价格时国家给予必要的经济优惠，并在粮食运输方面给予优先安排。在重大自然灾害、重大疫情或者其他突发事件引起粮食市场供求异常波动时，国家实施粮食应急机制。

（五）建立健全和落实粮食安全预警制度

粮食是关系国计民生的特殊商品，建立应对突发事件等引起粮食市场供求异常波动的应急机制，十分必要。

早在2004年，《粮食流通管理条例》就规定了国家建立突发事件的粮食应急体系，明确规定，国务院发展改革部门及国家粮食和储备行政管理部门会同国务院有关部门制定全国的粮食应急预案，报请国务院批准。省、自治区、直辖市人民政府根据本地区的实际情况，制定本行政区域的粮食应急预案。启动全国的粮食应急预案，由国务院发展改革部门及国家粮食和储备行政管理部门提出建议，报国务院批准后实施。启动省、自治区、直辖市的粮食应急预案，由省、自治区、直辖市发展改革部门及粮食和储备行政管理部门提出建议，报本级人民政府决定，并向国务院报告。粮食应急预案启动后，粮食经营者必须按照国家要求承担应急任务，服从国家的统一安排和调度，保证应急的需要。中发〔2007〕1号文件提出：加强对粮食生产、消费、库存及进出口的监测和调控，建立和完善粮食安全预警系统，维护国内粮食市场稳定。《农业法》修订时，将粮食安全预警法治化，该法第三十四条规定：国家建立粮食安全预警制度，采取措施保障粮食供给。国务院应当制定粮食安全保障目标与粮食储备数量指标，并根据需要组织有关主管部门进行耕地、粮食库存情况的核查。目前，国家制定了应对粮食安全的应急预案，对粮食应急作了制度性规定。

（六）保障粮食质量安全

提高粮食等农产品质量，保障农产品质量安全，是提高我国人民生活质量和增强农产品国际竞争力的需要，也是维护国家粮食安全和社会稳定的需要。

《农业法》对粮食等农产品质量安全作了规定，具体包括以下几方面：（1）国家采取措施提高农产品的质量，建立健全农产品质量标准体系和质量检验检测监督体系，制定保障消费安全和保护生态环境的农产品强制性标准，禁止生产经营不符合强制性标准的农产品；（2）国家支持建立健全优质农产品认证和标志制度；（3）建立健全农产品加工制品质量标准，加强对农产品加工过程的质量安全管理和监督，保障食品安全；（4）健全动植物防疫、检疫体系，加强监测、预警和防治，建立重大疫情和病虫害的快速扑灭机制，建设无规定动物疫病区，实施植物保护工程；（5）采取措施保护农业生态环境，防止农业生产过程对农产品的污染；（6）建立健全农业生产资料安全使用制度。此外，《中华人民共和国农产品质量安全法》在农产品质量安全风险管理和标准制定、产地、生产、销售以及监督管理、法律责任等方面均作出了规定，明确了国家建立健全农产品质量安全标准体系。

保障粮食质量安全，关乎人民群众的身体健康，关系社会稳定大局，党和国家十分重视，提出了一系列举措要求，具体包括以下几方面。（1）健全粮食质量安全保障体系。完善粮食质量安全标准体系，实行从田间到餐桌的全过程监管制度；加强监测预警，严防发生区域性、系统性粮食质量安全风险；加强对农药残留、重金属、真菌毒素超标粮食的管控，建立超标粮食处置长效机制，禁止不符合食品安全标准的粮食进入口粮市场，健全粮食产地准出制度和质量标识制度。（2）落实粮食质量安全监管责任。严格实行粮食质量安全监管责任制和责任追究制度，加强基层粮食质量安全监管，深入开展粮食质量安全治理整顿，完善不合格粮食处理和有关责任者处罚机制。（3）加强源头治理。采取划定粮食生产禁止区等措施，从源头上防治粮食污染，健全化肥、农药等农业投入品监督管理制度，建立耕地土壤环境监测网络，有效解决耕地面源污染问题。

● **阅读链接**

◆ **全球粮食危机及其应对之策专家说**

"民为国基，谷为民命。"粮食安全是事关人类生存发展的根本性问题。党的二十大报告提出，全方位夯实粮食安全根基。当前，全球粮食安全形势严峻复杂，国际粮食价格高位震荡，全球饥饿人口持续上升，国际社会高度关注和担忧粮食安全。

司伟（中国农业大学经济管理学院院长）：进入21世纪以来，因粮食价格暴涨引发的粮食危机频发，目前已经是继2007年至2008年、2010年至2011年之后的第三次全球粮食危机。2018年世界粮食价格开始上涨，粮食安全状况逐渐恶化，俄乌冲突则进一步加剧了粮食不安全状况。……粮食危机带来的影响无处不在。经济欠发达、政治不稳定、治理水平有限的部分发展中国家在粮食危机中显得尤为脆弱。影响最严重的是高度依赖粮食贸易的发展中国家，这些发展中国家的弱势群体在受到由疫情导致的贫困和营养不良打击之后，再次受到食品价格上涨的冲击。

钟钰（中国农业科学院农业经济与发展研究所研究员）：国以农为本，民以食为天，粮食安全问题关系国计民生之根本。……立足国内，稳粮增产。要清醒地认识到，依靠自身力量牢牢端稳中国饭碗，才是保障粮食安全最有效的途径，才是应对国际市场冲击最有效的法宝。……在经济全球化背景下，我国粮食进口量大、对外依存度高，与全球粮食安全形势联系越来越紧密。全年进口量占国内粮食产量比重较大，以及集中于少数品种、少数国家、少数阶段和少数方式的进口结构，意味着

第二章　维护国家安全的基本任务

我国需要时刻关注国际粮食供给与贸易情况。国际冲突、极端天气、粮食贸易保护主义抬头等导致全球粮食供需紧张，国际粮食市场整体形势不容乐观，我国需要时刻警惕全球粮食危机可能带来的风险。第一，全球粮食危机将推高粮食进口价格；第二，全球粮食危机将带动农资成本上升；第三，全球粮食危机将放大粮食进口不确定性，当前国际形势错综复杂，全球粮食供应链脆弱性凸显，我国粮食安全面临着更多挑战。牢牢把住粮食进口主动权和稳定性，提升"两个市场、两种资源"统筹利用效能，保障我国粮食进口安全、高效、稳定、持续，还要着重从以下几个方面入手：立足国内，稳粮增产；拓展粮食进口渠道，构建多元进口格局；扩大物流节点建设，提升粮食流通能力。（来源：《经济日报》2023年2月10日11版，有删改）

第九节
关于"文化安全"

一、援引法条原文

国家坚持社会主义先进文化前进方向,继承和弘扬中华民族优秀传统文化,培育和践行社会主义核心价值观,防范和抵制不良文化的影响,掌握意识形态领域主导权,增强文化整体实力和竞争力。

(本法条源自《中华人民共和国国家安全法》第二十三条。其内容是对于维护文化安全之任务作出的规定。)

二、立法背景及相关知识

清代著名学者龚自珍曾说:"灭人之国,必先去其史。"文化是民族的血脉,是人民的精神家园。文化安全是国家安全的重要组成部分。学界认为,维护文化安全,主要包括国家的文化主权和文化尊严不受侵犯,文化传统和文化选择得到尊重,与经济基础和社会政治制度相适应的意识形态占据主导地位。

改革开放以来,我们党始终把文化建设放在党和国家全局工作重要战略地位,采取了一系列举措,推动了社会主义文化大发展大繁荣。同时,我们党也清醒地认识到,随着文化在综合国力竞争中的地位日益凸显,必须高度重视国家的文化安全。党的十八届三中全会作出《中共中央关于全面深化改革若干重大问题的决定》,再次强调要"切实维护国家文化安全"。2014年4月15日,中央国家安全委员会第一次会议提出"必须坚持总体国家安全观,以人民安全为宗旨,以政治安全为根本,以经济安全为基础,以军事、文化、社会安全为保障,以促进国际安全为依托,走出一条中国特色国家安全道路"。把文化安全与政治安全、经济安全、军事安全等并列为十二个国家安全领域之一。

我国现行的关于维护国家文化安全的法律、法规、规章主要包括《中华人民共和国文物保护法》《中华人民共和国著作权法》《中华人民共和国非物质文化遗产法》《中华人民共和国教育法》等一系列法律，以及《广播电视管理条例》《出版管理条例》《音像制品管理条例》《互联网信息服务管理办法》《互联网文化管理暂行规定》等一系列行政法规和部门规章等。

根据上述规范性文件，我国维护文化安全，禁止在文化产品、文化传播中出现下列情形：（1）反对宪法确定的基本原则的；（2）危害国家统一、主权和领土完整的；（3）泄露国家秘密、危害国家安全或者损害国家荣誉和利益的；（4）煽动民族仇恨、民族歧视，破坏民族团结，或者侵害民族风俗、习惯的；（5）宣扬邪教、迷信的；（6）扰乱社会秩序，破坏社会稳定的；（7）宣扬淫秽、赌博、暴力或者教唆犯罪的；（8）侮辱或者诽谤他人，侵害他人合法权益的；（9）危害社会公德或者民族优秀文化传统的；（10）有法律、行政法规和国家规定禁止的其他内容的。

三、法条解读

（一）坚持社会主义先进文化前进方向

社会主义先进文化前进方向，讲的是文化发展繁荣为了谁、怎样做。十七届六中全会指出以科学发展为主题，以建设社会主义核心价值体系为根本任务，以满足人民精神文化需求为出发点和落脚点，以改革创新为动力，发展面向现代化、面向世界、面向未来的，民族的科学的大众的社会主义文化；坚持为人民服务、为社会主义服务，坚持百花齐放、百家争鸣，坚持继承和创新相统一，弘扬主旋律、提倡多样化，以科学的理论武装人，以正确的舆论引导人，以高尚的精神塑造人，以优秀的作品鼓舞人，在全社会形成积极向上的精神追求和健康文明的生活方式。

坚持中国特色社会主义文化发展道路与坚持社会主义先进文化前进方向

是统一体。十七届六中全会指出,要"坚持中国特色社会主义文化发展道路,努力建设社会主义文化强国",要"坚持社会主义先进文化前进方向"。十八届三中全会则将两者并列,明确提出"建设社会主义文化强国,增强国家文化软实力,必须坚持社会主义先进文化前进方向,坚持中国特色社会主义文化发展道路"。

(二) 继承和弘扬中华民族优秀传统文化

继承和弘扬中华优秀传统文化,大力发展社会主义先进文化,不断增强中华文化国际影响力。

中华文化,是对我国五千年文明发展历程中形成的文化的整体概括,它既包括中华优秀传统文化,又包括中国先进文化即社会主义先进文化。十七届六中全会指出,"在我国五千多年文明发展历程中,各族人民紧密团结、自强不息,共同创造出源远流长、博大精深的中华文化","中国共产党从成立之日起,就既是中华优秀传统文化的忠实传承者和弘扬者,又是中国先进文化的积极倡导者和发展者"。

优秀传统文化凝聚着中华民族自强不息的精神追求和历久弥新的精神财富,是发展社会主义先进文化的深厚基础,是建设中华民族共同精神家园的重要支撑。要全面认识祖国传统文化,取其精华、去其糟粕,古为今用、推陈出新,坚持保护利用、普及弘扬并重,加强对优秀传统文化思想价值的挖掘和阐发,维护民族文化基本元素,使优秀传统文化成为新时代鼓舞人民前进的精神力量。加强文化典籍整理和出版工作,推进文化典籍资源数字化。加强国家重大文化和自然遗产地、重点文物保护单位、历史文化名城名镇名村保护建设,抓好非物质文化遗产保护传承。深入挖掘民族传统节日文化内涵,广泛开展优秀传统文化教育普及活动。发挥国民教育在文化传承创新中的基础性作用,增加优秀传统文化课程内容,加强优秀传统文化教学研究基地建设。大力推广和规范使用国家通用语言文字,科学保护各民族语言文字。繁荣发展少数民族文化事业,开展少数民族特色文化保护工作,加强少数民族语言文字党报党刊、广播影视节目、出版物等译制播出出版。加强同香港、澳门的文化交流合作,加强同台湾的各种形式文化交流,共同弘扬中华优秀传统文化。

（三）培育和践行社会主义核心价值观

社会主义核心价值观是社会主义核心价值体系的内核，体现社会主义核心价值体系的根本性质和基本特征，反映社会主义核心价值体系的丰富内涵和实践要求，是社会主义核心价值体系的高度凝练和集中表达。正式在中央文件中明确其基本内容是党的十八大报告。十八大报告提出："倡导富强、民主、文明、和谐，倡导自由、平等、公正、法治，倡导爱国、敬业、诚信、友善，积极培育和践行社会主义核心价值观。"2013年12月11日，中共中央办公厅印发的《关于培育和践行社会主义核心价值观的意见》指出，富强、民主、文明、和谐是国家层面的价值目标，自由、平等、公正、法治是社会层面的价值取向，爱国、敬业、诚信、友善是公民个人层面的价值准则。面对世界范围内思想文化交流交融交锋形势下价值观较量的新态势，面对改革开放和发展社会主义市场经济条件下思想意识多元多样多变的新特点，积极培育和践行社会主义核心价值观，对于巩固马克思主义在意识形态领域的指导地位、巩固全党全国人民团结奋斗的共同思想基础，对于促进人的全面发展、引领社会全面进步，对于集聚全面建成小康社会、实现中华民族伟大复兴中国梦的强大正能量，具有重要现实意义和深远历史意义。

培育和践行社会主义核心价值观，要注重宣传教育、示范引领、实践养成相统一，注重政策保障、制度规范、法律约束相衔接，使社会主义核心价值观融入人们生产生活和精神世界。（1）把培育和践行社会主义核心价值观融入国民教育全过程，把社会主义核心价值观纳入国民教育总体规划，拓展青少年培育和践行社会主义核心价值观的有效途径，注重发挥社会实践的养成作用，建设高素质的教师队伍。（2）把培育和践行社会主义核心价值观落实到经济发展实践和社会治理中，确立经济发展目标和发展规划，出台经济社会政策和重大改革措施，开展各项生产经营活动，要遵循社会主义核心价值观要求，把社会主义核心价值观贯彻到依法治国、依法执政、依法行政实践中，把践行社会主义核心价值观作为社会治理的重要内容。（3）加强社会主义核心价值观宣传教育，用社会主义核心价值观引领社会思潮，新闻媒体要发挥传播社会主流价值的主渠道作用，建设社会主义核心价值观的网上传播阵地，发挥精神文化产品育人化人的重要功能。（4）开展涵养社会主义核心价值观的实践活动，广泛开展道德实践活动，深化学雷锋志愿服务活动，深化群众性精神文明创建活动，发挥优秀传统文化怡情养志、涵育文明的重要作用，发挥重要节庆日传播社会主流价值的独特优势，运用公益广告传播社会主流价值、引领文明风尚。（5）加强对培育和践行社会主义核心价值观的组织领导，各级党委和政府要充分认识培育和践行社会主义核心价值观的重要性，把这项任务摆上重要位置，切实负起政治责任和领导责任，党员、干部要做培育和践行社会主义核心价值观的模范，坚持全党动手、全社会参与，将任务落实到基层。

（四）防范和抵制不良文化的影响

近年来，我国加大了文化建设力度，中华民族优秀传统文化得到继承和弘扬，社会主义先进文化得到繁荣和发展，国家文化出版安全总体态势良好。但也要看到，一些不良文化也在侵蚀我国社会主义先进文化和民族优秀文化，如宣扬暴力、恐怖、分裂、色情甚至侵蚀政权、危害制度的不良文化，如果国家不采取措施加以防范和制止，任由其泛滥，就会对我国文化安全构成严重威胁。即使是西方国家，对这些不良文化也不会听之任之。我们防范和抵御不良文化渗透并非文化锁国，更不是限制言论自由。中华文化具有包容和开放的特点，也将与其他文化展开价值平等、多元的对话，让中华民族绵延数千年的文明为人类文明的丰富多彩贡献力量。中国政府将一如既往地欢迎和支持外国机构和个人来华开展文化交流合作，并愿为增进中国同世界各国人文交流提供便利和协助。

（五）掌握意识形态领域主导权

我们党始终坚持和巩固马克思主义在意识形态领域的指导地位。长期以来，我国同敌对势力在意识形态领域的斗争从未停止过。十六届四中全会鲜明地提出"坚持马克思主义在意识形态领域的指导地位，不断提高建设社会主义先进文化的能力"。这次全会除了对加强马克思主义理论研究和建设作出一系列重大部署，还鲜明地提出要"抵制各种否定马克思主义的错误观点"。

十六届六中全会再次强调"必须坚持马克思主义在意识形态领域的指导地位，牢牢把握社会主义先进文化的前进方向"，"坚持用马克思主义中国化的最新成果武装全党、教育人民"，并将马克思主义指导思想纳入社会主义核心价值体系，作为四项内容的首要内容。十七届六中全会系统地阐述了"坚持马克思主义指导地位"的一些重点任务，如："要毫不动摇地坚持马克思主义基本原理，紧密结合中国实际、时代特征、人民愿望，用发展着的马克思主义指导新的实践。坚持不懈用中国特色社会主义理论体系武装全党、教育人民"等。十八届三中全会对推进文化体制机制创新也提出了明确要求，指出：要"建设社会主义文化强国，增强国家文化软实力，必须坚持社会主义先进文化前进方向，坚持中国特色社会主义文化发展道路，培育和践行社会主义核心价值观，巩固马克思主义在意识形态领域的指导地位，巩固全党全国各族人民团结奋斗的共同思想基础"。

加强意识形态领域和文化领域管理，一要牢牢把握舆论导向，正确引导社会舆论；二要加强和改进思想政治工作，消除封建主义残余影响，抵御资本主义腐朽思想文化的侵蚀；三要加强网络社会管理，推进网络依法规范有序运行；四要开展"扫黄打非"，抵制低俗现象；五要加快建立法律规范、行政监管、行业自律、技术保障相结合的管理体制。

（六）增强文化整体实力和竞争力

新时代，文化在综合国力竞争中的地位和作用更加凸显，维护国家文化安全任务更加艰巨，增强国家文化整体实力、竞争力和国际影响力的要求更加紧迫。要不断解放和发展文化生产力，提高文化开放水平，推动中华文化走向世界，积极吸收各国优秀文明成果，切实维护国家文化安全。要实施文化走出去战略，不断增强中华文化国际影响力，推动中华文化走向世界，积极吸收各国优秀文明成果，切实维护国家文化安全。开展多渠道、多形式、多层次对外文化交流，广泛参与世界文明对话，促进文化相互借鉴，增强中华文化在世界上的感召力和影响力。创新对外宣传方式方法，增强国际话语权，妥善回应外部关切，增进国际社会对我国基本国情、价值观念、发展道路、内外政策的了解和认识，展现我国文明、民主、开放、进步的形象。实施文化走出去工程，完善支持文化产品和服务走出去政策措施，支持重点主流媒体在海外设立分支机构，培育一批具有国际竞争力的外向型文化企业和中介机构，完善译制、推介、咨询等扶持机制，开拓国际文化市场。加强海外中国文化中心和孔子学院建设，鼓励代表国家水平的各类学术团体、艺术机构在相应国际组织中发挥建设性作用，组织对外翻译优秀学术成果和文化精品。构建人文交流机制，把政府交流和民间交流结合起来，发挥非公有制文化企业、文化非营利机构在对外文化交流中的作用，支持海外侨胞积极开展中外人文交流。建立面向外国青年的文化交流机制，设立中华文化国际传播贡献奖和国际性文化奖项。

● **阅读链接**

◆**危害文化安全的案例**

据统计，某国控制了世界75%的电视节目和60%以上广播节目的生产和制作，每年向国外发行的电视节目总量达30万小时。许多国家的电视节目中，该国节目往往占到60%至70%，有的占到80%以上，在该国自己的电视节目中，外国节目仅占1%至2%。同时，该国的电影现已占据世界总放映时间的一半以上，占据世界电影市场总票房的2/3。许多发展中国家的电影市场几乎被该国电影垄断。

……

冷战时期，历届美国政府为了实现其多重冷战政策目标，制定并实施了种类繁多的意识形态战、信息战、争夺人心之战和文化冷战等活动。"青年领袖项目"是其中最为重要且持续时间最长的项目之一，该项目致力于影响"潜在青年领袖"这一特殊的目标群体。在冷战背景下，要实现的目标主要有三个：其一，识别并影响社会主义国家的青年领袖，使其"摆脱"共产主义思想的影响，逐渐接受西方所谓的"民主自由"观念，为促成社会主义国家的"政权改变"积蓄力量；其二，接触并培养

第二章 维护国家安全的基本任务

新兴国家或转型国家的潜在青年领袖，使其接受并传播美国的价值观念，进而影响所在国家的道路选择；其三，通过教育和文化交流，维持美国与结盟国家友好关系，塑造美国的正面形象，帮助美国冷战政策目标和外交政策目标更好实现。（来源：人民教育出版社《初中生国家安全教育》。作者：《初中生国家安全教育》编写组）

第十节
关于"科技安全"

一、援引法条原文

国家加强自主创新能力建设，加快发展自主可控的战略高新技术和重要领域核心关键技术，加强知识产权的运用、保护和科技保密能力建设，保障重大技术和工程的安全。

（本法条源自《中华人民共和国国家安全法》第二十四条。其内容是对于维护科技安全之任务作出的规定。）

二、立法背景及相关知识

科学技术是第一生产力，科技兴则民族兴，科技强则国家强。在科学技术迅速发展的今天，科技安全是维护国家安全的一个重要方面。科技和科技安全广泛渗透于国家安全的各个领域、各个要素和各个因素之中，对当代国家安全其他领域和内容都起到决定性作用。国家安全体系及其任何部分都可能存在科技安全问题，科技与科技安全的丧失，对国家安全是毁灭性打击。一般认为，科技安全可以包括国家利益免受国外科技优势威胁和敌对势力、破坏势力以技术手段相威胁，国家利益免受科技发展自身的负面影响，也包括国家以科技手段维护国家安全的能力，以及国家在所面临的国际国内环境中保障科学技术健康发展以及依靠科学技术提高综合国力的能力。本条关于维护科技安全的任务，重点就是强调要着眼未来、超前部署，抓住重大科技变革机遇，抢占新科技革命的战略制高点，实现战略高技术和核心关键技术的自主可控，防止重大科技成果流失或者泄密，保障国家的科技水平和成果不受外来势力的侵害和威胁。

第二章　维护国家安全的基本任务

三、法条解读

(一)加强自主创新能力建设

党和国家一直高度重视科技创新能力建设。2006年1月29日，全国科技大会宣布中国未来15年科技发展的目标是2020年建成创新型国家，使科技发展成为经济社会发展的有力支撑。党的十八大明确提出"科技创新是提高社会生产力和综合国力的战略支撑，必须摆在国家发展全局的核心位置"。强调要坚持走中国特色自主创新道路，实施创新驱动发展战略。党的十八届三中全会进一步提出了深化科技体制改革的一系列具体措施。习近平同志在中国科学院第十七次院士大会、中国工程院第十二次院士大会上的讲话中明确提出：从总体上看，我国科技创新基础还不牢，自主创新特别是原创力还不强。实施创新驱动发展战略，最根本的是要增强自主创新能力。面向未来，增强自主创新能力，最重要的就是要坚定不移走中国特色自主创新道路，坚持自主创新、重点跨越、支撑发展、引领未来的方针，加快创新型国家建设步伐。

2021年12月，第十三届全国人大常委会第三十二次会议第二次修订了《中华人民共和国科学技术进步法》（以下简称《科学技术进步法》），在第二条中明确规定："国家坚持新发展理念，坚持科技创新在国家现代化建设全局中的核心地位，把科技自立自强作为国家发展的战略支撑，实施科教兴国战略、人才强国战略和创新驱动发展战略，走中国特色自主创新道路，建设科技强国。"该法明确了企业技术创新主体地位，规定国家建立以企业为主体，以市场为导向，企业同科学技术研究开发机构、高等学校紧密合作的技术创新体系，引导和扶持企业技术创新活动，支持企业牵头国家科技攻关任务，发挥企业在技术创新中的主体作用。国家鼓励企业加强原始创新，开展技术合作与交流，增加研究开发和技术创新的投入，自主确立研究开发课题，开展技术创新活动。国家鼓励企业对引进技术进行消化、吸收和再创新。国家保护企业研究开发所取得的知识产权。企业应当不断提高知识产权质量和效益，增强自主创新能力和市场竞争能力。此外，该法明确规定了财政资助、税收优惠、政府采购、发展科技中介服务机构等多种措施，激励和保障自主创新。

2006年1月26日，中共中央、国务院印发《关于实施科技规划纲要增强自主创新能力的决定》。2006年2月9日，国务院发布了《国家中长期科学和技术发展规划纲要（2006—2020年）》。2013年，国务院印发了《"十二五"国家自主创新能力建设规划》，对之后五年国家自主创新能力建设作出了全面部署，对于加强科技创新基础条件建设、增强重点产业持续创新能力、提高重点社会领域创新能力、强化区域创新发展能力、推进创新主体能力建设、加强创新人才队伍建设、完善创新能力建设环境等方面提出了明确要求。

（二）战略高新技术和核心关键技术自主可控

本条在"加强自主创新能力建设"之后，明确规定"加快发展自主可控的战略高新技术和重要领域核心关键技术"，体现了"自主创新"和"自主可控"之间的内在联系性。"自主创新"和"自主可控"是一体两面、相辅相成的，特别是对于战略高新技术和重要领域核心关键技术而言，只有自主创新，才有可能做到自主可控，也只有具有自主可控的能力，才能真正反映自主创新的实力。世界各国在涉及本国重大基础设施和核心关键技术时，无不强调自主可控。"自主可控"内涵一般包括知识产权自主可控、能力自主可控、发展自主可控等。"自主可控"的核心在于"自主"，特别是在一些重要领域的核心关键技术方面，不自主就很难做到可控。中国是个大国，在战略高新技术和重要领域核心关键技术方面，如果做不到自主可控，就难以保障自身的科技安全、经济安全，难以进入高端领域的国际竞争、进行国际合作，难以更好地保障、促进国家和民族的生存、发展。但是在实践中，我国核心关键技术缺乏自主知识产权而受制于人，依然是目前我国科技安全领域存在的问题之一。目前我国"关键领域核心技术受制于人的格局没有从根本上改变。只有把核心技术掌握在自己手中，才能真正掌握竞争和发展的主动权，才能从根本上保障国家经济安全、国防安全和其他安全"。为了解决这一问题，"要准确把握重点领域科技发展的战略机遇，选准关系全局和长远发展的战略必争领域和优先方向，通过高效合理配置，深入推进协同创新和开放创新，构建高效强大的共性关键技术供给体系，努力实现关键技术重大突破，把关键技术掌握在自己手里"。

(三) 加强科技保密能力建设

加强科技保密能力建设是维护科技安全的重要环节。狭义的科技安全主要是指保护科技秘密的安全。科技保密是维护科技安全的核心任务。我国《保守国家秘密法》《科学技术进步法》《促进科技成果转化法》和《科学技术保密规定》等法律法规都对科技保密提出了明确要求。

《保守国家秘密法》第十三条明确规定，科学技术中涉及国家安全和利益的秘密事项，泄露后可能损害国家在政治、经济、国防、外交等领域的安全和利益的，应当确定为国家秘密。《科学技术进步法》第一百零六条规定："国家实行科学技术保密制度，加强科学技术保密能力建设，保护涉及国家安全和利益的科学技术秘密。"《促进科技成果转化法》第三十条第二款规定："科技中介服务机构提供服务，应当遵循公正、客观的原则，不得提供虚假的信息和证明，对其在服务过程中知悉的国家秘密和当事人的商业秘密负有保密义务。"

1995年由原国家科学技术委员会和国家保密局联合制定的《科学技术保密规定》对于科技保密工作作了进一步具体规定。2015年11月16日科学技术部与国家保密局重新修订了《科学技术保密规定》。新修订的《科学技术保密规定》明确科学技术保密工作"坚持积极防范、突出重点、依法管理的方针，既保障国家科学技术秘密安全，又促进科学技术发展"。同时规定："国家科学技术行政管理部门管理全国的科学技术保密工作。省、自治区、直辖市科学技术行政管理部门管理本行政区域的科学技术保密工作。中央国家机关在其职权范围内，管理或者指导本行业、本系统的科学技术保密工作。国家保密行政管理部门依法对全国的科学技术保密工作进行指导、监督和检查。县级以上地方各级保密行政管理部门依法对本行政区域的科学技术保密工作进行指导、监督和检查。"根据《科学技术保密规定》，关系国家安全和利益，泄露后可能造成下列后果之一的科学技术事项，应当确定为国家科学技术秘密：(1) 削弱国家防御和治安能力；(2) 降低国家科学技术国际竞争力；

(3）制约国民经济和社会长远发展；(4）损害国家声誉、权益和对外关系。此外，国内外已经公开的、难以采取有效措施控制知悉范围的、无国际竞争力且不涉及国家防御和治安能力的科学技术事项，已经流传或者受自然条件制约的传统工艺，不得确定为国家科学技术秘密。《科学技术保密规定》详细规定了国家科学技术秘密的确定、变更和解除的主体和程序。中央国家机关、省级机关及其授权的机关、单位可以确定绝密级、机密级和秘密级国家科学技术秘密；设区的市、自治州一级的机关及其授权的机关、单位可以确定机密级、秘密级国家科学技术秘密。国家科学技术秘密的变更，由原定密机关、单位决定，也可由其上级机关、单位决定。《科学技术保密规定》明确规定了国家科学技术行政管理部门，省、自治区、直辖市科学技术行政管理部门和中央国家机关有关部门等的保密工作职责。同时，还详细规定了涉密人员的保密要求，对外科学技术交流与合作中涉及国家科学技术秘密的要求，存储、处理国家科学技术秘密信息的要求，机关、单位开展涉密科学技术活动的保密要求，涉密科学技术项目的保密管理要求，涉密科学技术成果的保密管理要求，国家科学技术秘密申请知识产权保护应当遵守的规定，等等。

《促进科技成果转化法》对保守除了国家秘密以外的其他技术秘密也作出了要求，规定科技成果完成单位与其他单位合作进行科技成果转化的，合作各方应当就保守技术秘密达成协议；当事人不得违反协议或者违反权利人有关保守技术秘密的要求，披露、允许他人使用该技术。科技中介服务机构对其在服务过程中知悉的国家秘密和当事人的商业秘密负有保密义务。企业、事业单位应当建立健全技术秘密保护制度，保护本单位的技术秘密。职工应当遵守本单位的技术秘密保护制度。企业、事业单位可以与参加科技成果转化的有关人员签订在职期间或者离职、离休、退休后一定期限内保守本单位技术秘密的协议；有关人员不得违反协议约定，泄露本单位的技术秘密和从事与原单位相同的科技成果转化活动。职工不得将职务科技成果擅自转让或者变相转让。

第二章 维护国家安全的基本任务

● **阅读链接**

◆ **危害我国科技安全的案例**

中国北京字节跳动科技有限公司（简称"字节跳动"）旗下的抖音国际版TikTok，是一款深受年轻受众喜爱的短视频分享应用，在美国的用户数量突破1亿，一度成为全球下载量最高的移动应用软件。2020年7月，美国政府为了阻止TikTok对美国社交平台造成巨大冲击，保护本国企业利益，对TikTok封杀并强制性收购。此后一些美国公司先后加入对TikTok的竞购。这一事件反映了美国科技霸权主义，企图遏制中国前沿技术发展。但是，TikTok不是美国企业想收购就能收购的，根据《中华人民共和国技术进出口管理条例》等的相关规定，字节跳动出售TikTok需获国家批准。（来源：人民教育出版社2022年版《高中生国家安全教育》。作者：《高中生国家安全教育》编写组）

自2018年美国政府对华贸易摩擦逐步升级以来，华为、中兴等中国高新技术企业开始成为美国政府制裁的对象，这一趋势在2020年进一步加剧和扩大。截至2020年8月末，共有10个批次296家中国企业受到美国制裁，制裁领域从5G、人工智能等信息技术核心产业链扩展至电信运营商、内容和云服务商以及相关的高校和科研机构，制裁手段包括贸易、投资以及人员交流限制等措施，旨在遏制中国对美核心竞争力优势具有挑战能力的领域，从而确保美国在大国竞争中的霸权地位和绝对领先优势。（来源：人民教育出版社2022年版《初中生国家安全教育》。作者：《初中生国家安全教育》编写组）

第十一节
关于"网络信息安全"

一、援引法条原文

国家建设网络与信息安全保障体系，提升网络与信息安全保护能力，加强网络和信息技术的创新研究和开发应用，实现网络和信息核心技术、关键基础设施和重要领域信息系统及数据的安全可控；加强网络管理，防范、制止和依法惩治网络攻击、网络入侵、网络窃密、散布违法有害信息等网络违法犯罪行为，维护国家网络空间主权、安全和发展利益。

（本法条源自《中华人民共和国国家安全法》第二十五条。其内容是对于维护网络信息安全之任务作出的规定。）

二、立法背景及相关知识

当今世界，信息技术革命日新月异，对国际政治、经济、文化、社会、军事等领域发展产生了深刻影响。互联网已经融入社会生活方方面面，深刻改变了人们的生产和生活方式。一般认为，网络安全大致可以分为三个层面：第一层是网络基础设施的安全，第二层是网络上运行、存储的数据信息的安全，第三层是利用信息技术进行连接和控制的系统的安全。从更广泛的意义上说，网络安全还包括了意识形态安全、系统安全、数据安全、技术安全、应用安全、资本安全、渠道安全等众多方面。2013年习近平总书记在十八届三中全会上作关于《中共中央关于全面深化改革若干重大问题的决定》的说明时指出："网络和信息安全牵涉到国家安全和社会稳定，是我们面临的新的综合性挑战。""确保网络信息传播秩序和国家安全、社会稳定，已经成为摆在我们面前的现实突出问题。"2014年2月27日，中央网络安全和信息化领导小组第一次会议进一步指出，"没有网络安全就没有国家安全"，"网络安全和信息化是事关国家安全和国家发展、事关广大人民群众工作生活的重大战略问题"。党的十八届三中全会提出"坚持积极利用、科学发展、依法管理、确保安全的方针，加大依法管理网络力度，加快完善互联网管理领导体制，确保国家网络和信息安全"。党的十八届四中全会提出要"完善网络信息服务、网络安全保护、网络社会管理等方面的法律法规"。

本条关于维护网络信息安全的任务，主要强调要从加强技术自主研发、确保自主可控和对网络空间实施有效管理两个方面着手，构建自主可控、安全可信的核心网络，实现维护国家网络空间主权、安全和发展利益的目标。

三、法条解读

（一）我国维护网络信息安全的立法情况

2000年以来，我国参照国际通行做法，结合我国国情，颁布了一系列与互联网管理相关的法律法规，包括《全国人民代表大会常务委员会关于加强网络信息保护的决定》《全国人民代表大会常务委员会关于维护互联网安全的决定》《中华人民共和国电信条例》《互联网信息服务管理办法》《互联网新闻信息服务管理规定》《最高人民法院 最高人民检察院关于办理利用信息网络实施诽谤等刑事案件适用法律若干问题的解释》等。这些法律法规对网络服务提供者和网络用户的权利和义务、政府有关部门的监督职责等作出了明确规定。

尽管在过去十多年中我国的互联网法治建设取得了显著成绩，但与发达国家和一些发展中的国家相比，我国在信息化方面的立法仍显滞后，尚不能完全适应互联网发展的需要。美国国会及政府各部门通过的与网络相关的法律法规数量高居世界之首，主要涉及未成年人保护、国家安全、保护知识产权、计算机与网络安全等四大领域。在"9·11"事件之后，美国加强了信息安全的立法，先后颁布了《联邦通信法》《联邦监听法》《对外情报监视法》《执法通信辅助法》《爱国者法》《国土安全法》《互联网情报分享与保护法》

《信息安全与互联网自由法》等等，既明确网络安全的要求，又为信息监管提供法律保障。与之相比，我国网络立法的效力层次较低，部门规定多，着力管制多，关注发展少，对个人权利保护考虑不足，甚至上位法规定的权利被下位法剥夺的情况在中国互联网的管理中也时有出现。因此，中国迫切需要一部网络安全领域的基本法，为我国的互联网法治化管理奠定坚实的法律基础。《中华人民共和国网络安全法》（以下简称《网络安全法》）已由第十二届全国人民代表大会常务委员会第二十四次会议于2016年11月7日通过。这是我国网络领域的基础性法律，明确加强个人信息保护，打击网络诈骗。

该法共七章七十九条，自2017年6月1日起施行，对当前我国网络安全方面存在的热点难点问题，该法都有明确规定。针对个人信息泄露问题，《网络安全法》规定，网络产品、服务具有收集用户信息功能的，其提供者应当向用户明示并取得同意；网络运营者不得泄露、篡改、毁损其收集的个人信息；任何个人和组织不得窃取或者以其他非法方式获取个人信息，不得非法出售或者非法向他人提供个人信息。针对网络诈骗多发态势，《网络安全法》规定"任何个人和组织应当对其使用网络的行为负责，不得设立用于实施诈骗，传授犯罪方法，制作或者销售违禁物品、管制物品等违法犯罪活动的网站、通信群组，不得利用网络发布涉及实施诈骗，制作或者销售违禁物品、管制物品以及其他违法犯罪活动的信息"，并规定了相应法律责任。

（二）网络与信息安全保障体系和保护能力

建设国家信息安全保障体系，提升网络与信息安全保障和监管能力，是加强网络安全保护的重要内容和总体要求。2012年党的十八大提出要"健全信息安全保障体系"。《国务院关于大力推进信息化发展和切实保障信息安全的若干意见》《国家发展改革委关于印发"十二五"国家政务信息化工程建设规划的通知》《中共中央办公厅、国务院办公厅关于印发〈2006—2020年国家信息化发展战略〉的通知》《国务院关于印发"宽带中国"战略及实施方案的通知》等文件，从不同角度出发，对国家网络信息安全保障体系和网络信息安全保障能力建设都提出了许多具体要求。

总体而言，对于建设网络与信息安全保障体系，具体有以下几方面要求：

第二章 维护国家安全的基本任务

一是要建立和完善信息安全等级保护制度，重点保护基础信息网络和关系国家安全、经济命脉、社会稳定的重要信息系统。《中华人民共和国计算机信息系统安全保护条例》《关于信息安全等级保护工作的实施意见》《信息安全等级保护管理办法》《关于开展全国重要信息系统安全等级保护定级工作的通知》等文件对此已经作了明确规定。二是要加强密码技术的开发利用。三是要建设网络信任体系，健全电子认证服务体系，推动电子签名在金融等重点领域和电子商务中的应用。制定电子商务信用评价规范，建立互联网网站、电子商务交易平台诚信评价机制，支持符合条件的第三方机构开展信用评价服务。四是要建设信息安全风险评估机制。五是要建设和完善信息安全监控体系，提高对网络安全事件应对和防范能力，防止有害信息传播。高度重视信息安全应急处置工作，健全完善信息安全应急指挥和安全通报制度，不断完善信息安全应急处置预案。从实际出发，促进资源共享，重视灾难备份建设，增强信息基础设施和重要信息系统的抗毁能力和灾难恢复能力。

提升网络与信息安全保护能力要求：（1）大力增强国家信息安全保障能力。积极跟踪、研究和掌握国际信息安全领域的先进理论、前沿技术和发展动态，抓紧开展对信息技术产品漏洞、后门的发现研究，掌握核心安全技术，提高关键设备装备能力，促进我国信息安全技术和产业的自主发展；（2）加快信息安全人才培养，增强国民信息安全意识；（3）不断提高信息安全的法律保障能力、基础支撑能力、网络舆论宣传的驾驭能力和我国在国际信息安全领域的影响力，建立和完善维护国家信息安全的长效机制。

（三）加强网络和信息技术创新，实现安全可控

核心技术和关键装备领域尚未完全实现国产化，是目前我国在网络和信息安全领域面临的现实威胁之一，技术和设备受制于人，安全可控就无法保证。建设网络强国，要有自己的技术，有过硬的技术，要加强核心技术自主创新和基础设施建设。因此，本条明确规定，要通过"加强网络和信息技术的创新研究和开发应用，实现网络和信息核心技术、关键基础设施和重要领域信息系统及数据的安全可控"。《"宽带中国"战略及实施方案》要求"坚持宽带普及与保障安全相结合。强化安全意识，同步推进网络信息安全和应

急通信保障能力建设，不断增强基础网络、核心系统、关键资源的安全掌控能力以及应急服务能力，实现网络安全可控、业务安全可管、应急保障可靠"。《国务院关于推进物联网有序健康发展的指导意见》将安全可控作为物联网发展的基本原则，提出强化安全意识，注重信息系统安全管理和数据保护。加强物联网重大应用和系统的安全测评、风险评估和安全防护工作，保障物联网重大基础设施、重要业务系统和重点领域应用的安全可控。

中办和国办于2006年发布的《2006—2020年国家信息化发展战略》明确要求：突破核心技术与关键技术。建立以企业为主体的技术创新体系，强化集成创新，突出自主创新，突破关键技术。选择具有高度技术关联性和产业带动性的产品和项目，促进引进消化吸收再创新，产学研用结合，实现信息技术关键领域的自主创新。积聚力量，攻克难关，逐步由外围向核心逼近，推进原始创新，力争跨越核心技术门槛，推进创新型国家建设。培育有核心竞争能力的信息产业。加强政府引导，突破集成电路、软件、关键电子元器件、关键工艺装备等基础产业的发展瓶颈，提高在全球产业链中的地位，逐步形成技术领先、基础雄厚、自主发展能力强的信息产业。积极跟踪、研究和掌握国际信息安全领域的先进理论、前沿技术和发展动态，抓紧开展对信息技术产品漏洞、后门的发现研究，掌握核心安全技术，提高关键设备装备能力，促进我国信息安全技术和产业的自主发展。2012年《国务院关于大力推进信息化发展和切实保障信息安全的若干意见》进一步要求加快技术攻关和产业发展。统筹规划，整合力量，进一步加大网络与信息安全技术研发力度，加强对云计算、物联网、移动互联网、下一代互联网等方面的信息安全技术研究。继续组织实施信息安全产业化专项，完善有关信息安全政府采购政策措施和管理制度，支持信息安全产业发展。

（四）加强网络管理，打击网络犯罪

本条规定，加强网络管理，防范、制止和依法惩治网络攻击、网络入侵、网络窃密、散布违法有害信息等网络违法犯罪行为。其中明确点出的网络违法犯罪行为主要包括两类：一类是针对网络本身的犯罪，例如网络攻击、网络入侵；另一类是利用网络从事违法犯罪活动。

第二章 维护国家安全的基本任务

对于前一类犯罪,《全国人民代表大会常务委员会关于维护互联网安全的决定》明确规定对三类行为依法追究刑事责任:一是侵入国家事务、国防建设、尖端科学技术领域的计算机信息系统;二是故意制作、传播计算机病毒等破坏性程序,攻击计算机系统及通信网络,致使计算机系统及通信网络遭受损害;三是违反国家规定,擅自中断计算机网络或者通信服务,造成计算机网络或者通信系统不能正常运行。

对于后一类犯罪,《全国人民代表大会常务委员会关于维护互联网安全的决定》从维护国家安全和社会稳定,维护社会主义市场经济秩序和社会管理秩序,以及保护个人、法人和其他组织的人身、财产等合法权利方面作了规定,具体违法行为包括:(1)利用互联网造谣、诽谤或者发表、传播其他有害信息,煽动颠覆国家政权、推翻社会主义制度,或者煽动分裂国家、破坏国家统一;(2)通过互联网窃取、泄露国家秘密、情报或者军事秘密;(3)利用互联网煽动民族仇恨、民族歧视,破坏民族团结;(4)利用互联网组织邪教组织、联络邪教组织成员,破坏国家法律、行政法规实施;(5)利用互联网销售伪劣产品或者对商品、服务作虚假宣传;(6)利用互联网损害他人商业信誉和商品声誉;(7)利用互联网侵犯他人知识产权;(8)利用互联网编造并传播影响证券、期货交易或者其他扰乱金融秩序的虚假信息;(9)在互联网上建立淫秽网站、网页,提供淫秽站点链接服务,或者传播淫秽书刊、影片、音像、图片;(10)利用互联网侮辱他人或者捏造事实诽谤他人;(11)非法截获、篡改、删除他人电子邮件或者其他数据资料,侵犯公民通信自由和通信秘密;(12)利用互联网进行盗窃、诈骗、敲诈勒索。

此外,实践中还可能出现利用互联网实施的其他违法犯罪活动,例如网络诈骗,这些行为如果构成犯罪的,应依照《刑法》有关规定追究刑事责任。利用互联网实施违法行为,违反社会治安管理,尚不构成犯罪的,由公安机关依照《中华人民共和国治安管理处罚法》(以下简称《治安管理处罚法》)予以处罚;违反其他法律、行政法规,尚不构成犯罪的,由有关行政管理部门依法给予行政处罚,对直接负责的主管人员和其他直接责任人员,依法给予行政处分或者纪律处分。利用互联网侵犯他人合法权益,构成民事侵权的,依法承担民事责任。

(五)维护国家网络空间主权

维护网络信息安全的最终目标就是维护国家网络空间主权、安全和发展利益。网络空间主权是国家主权的重要组成部分,是国家主权在网络空间的体现和延伸。尊重网络主权,是维护网络空间安全的重要前提。网络主权原则是我国维护国家安全和利益、参与网络国际治理与合作所坚持的重要原则。互联网是国家重要基础设施,中华人民共和国境内的互联网属于中国主权管辖范围,中国的互联网主权应受到尊重和维护。当前,互联网安全问题日益突出,不仅中国面临着严重的网络安全威胁,世界上大多数国家也面临着这一问题。任何国家发展互联网都应该尊重别国网络主权,只有相互尊重、相互信任,才能共同建设好、利用好、管理好互联网。习近平主席在2014年致首届世界互联网大会贺词中明确提出:"中国愿意同世界各国携手努力,本着相互尊重、相互信任的原则,深化国际合作,尊重网络主权,维护网络安全,共同构建和平、安全、开放、合作的网络空间,建立多边、民主、透明的国际互联网治理体系。"2015年12月16日,习近平主席在第二届世界互联网大会开幕式上发表重要讲话,强调推进全球互联网治理体系变革,应该坚持尊重网络主权的原则。他说:"《联合国宪章》确立的主权平等原则是当代国际关系的基本准则,覆盖国与国交往各个领域,其原则和精神也应该适用于网络空间。我们应该尊重各国自主选择网络发展道路、网络管理模式、互联网公共政策和平等参与国际网络空间治理的权利,不搞网络霸权,不干涉他国内政,不从事、纵容或支持危害他国国家安全的网络活动。"

本法条明确提出"维护国家网络空间主权",正是适应当前中国互联网发展的现实需要,为依法管理在中国领土上的网络活动、抵御危害中国网络安全的活动奠定法律基础。同时也是与国际社会同步,为了优化互联网治理体系,确保国家利益、国民利益不受侵害。

●阅读链接

◆ **危害我国网络信息安全的案例**

中国国家互联网应急中心数据显示，2020年，位于境外的约5.2万个计算机恶意程序控制服务器控制了中国境内约531万台主机。此外，某公司报告显示，美国中央情报局的网络攻击组织"APT-C-39"曾对中国航空航天、石油行业、大型互联网公司以及科研机构、政府机构等关键行业和领域进行了长达11年的网络渗透攻击，严重损害我国的关键基础设施安全和广大民众的个人信息安全。（来源：人民教育出版社2022年版《初中生国家安全教育》。作者：《初中生国家安全教育》编写组）

◆ **"震网"蠕虫病毒攻击伊朗核设施**

位于伊朗南部的布什尔核电站是伊朗首座核电站，设计装机容量为1000兆瓦。按照伊朗官方的计划，该核电站应于2010年10月并网发电。然而，到了第二年2月，布什尔核电站不但没有发电，还卸载了反应堆中的核燃料。其中一个重要原因，就是其遭到了美国和以色列的网络攻击。

2010年7月，中情局派间谍通过U盘传播的"震网"（Stuxnet）蠕虫病毒感染成功地将"震网"病毒混进伊朗纳坦兹（Natanz）核电站的计算机系统。"震网"病毒由美国和以色列相关研究人员联合研发，可以通过移动存储介质和网络进行传播，专门攻击德国西门子公司开发的基础设施控制系统，侵入由德国西门子公司为伊朗核设施设计的计算机控制系统后，获得控制系统数据，进而指挥离心机高速运转。9月，伊朗核设施遭受了代号为"震网"的蠕虫病毒攻击，在接下来数周内，伊朗纳坦兹核电站被一波又一波的"震网"病毒击中，大量的离心机被摧毁，伊朗的离心机数量从4700台降到了约3900台。这次网络攻击，导致伊朗全国有多达3万台电脑IP地址被这种蠕虫病毒感染，核电站的计算机系统受到"震网"蠕虫病毒的攻击。从打击效果可以看出，"震网"病毒展示出网络武器的巨大威力，伊朗核发展计划被迫延缓两年，打乱了政府决策，发挥了不流血便可毁坏战略设施的惊人效能。（来源：北京时代华文书局2021年版《国家安全教育通识课》。作者：李大光）

第十二节
关于"民族领域安全"

一、援引法条原文

国家坚持和完善民族区域自治制度，巩固和发展平等团结互助和谐的社会主义民族关系。坚持各民族一律平等，加强民族交往、交流、交融，防范、制止和依法惩治民族分裂活动，维护国家统一、民族团结和社会和谐，实现各民族共同团结奋斗、共同繁荣发展。

（本法条源自《中华人民共和国国家安全法》第二十六条。其内容是对于在民族领域维护国家安全之任务作出的规定。）

二、立法背景及相关知识

我国是一个统一的多民族国家，民族自治地方面积占全国的64％，陆地边界线约90％在民族自治地方，边疆地区基本上是少数民族聚居区。这决定了民族问题、民族工作对于维护国家统一和国家安全始终具有重大意义。

三、法条解读

（一）坚持和完善民族区域自治制度

我们党历来高度重视民族问题。新中国成立后，在基本国情、历史演进、经济社会状况、文化传统等因素共同作用下，形成了中国特色解决民族问题的正确道路，创造了处理民族问题的崭新模式。民族区域自治制度是我国的一项基本政治制度，是中国特色解决民族问题的制度创新。新中国成立以后的实践充分证明，实行民族区域自治，对发挥各民族人民当家作主的积极性，发展平等、团结、互助、和谐的社会主义民族关系，维护和巩固国家的统一，促进民族自治地方各项事业的发展，促进各民族的共同繁荣和发展，都起到了巨大作用。

国家坚持和完善民族区域自治制度，作为民族领域维护国家安全的制度保障，带有统领性和方向性。要坚持正确政治方向，处理好坚持国家统一领导和民族自治地方行使自治权的关系，切实维护国家统一和民族团结，贯彻建设法治中国要求，推进民族事务治理法治化，依法保障民族自治地方设立自治机关、行使自治权，加快民族地区发展步伐，在制定政策时充分考虑少数民族和民族自治地方实际，促进各民族共同繁荣进步，不断发挥民族区域自治制度的优越性，维护民族领域的国家安全。

（二）巩固和发展平等团结互助和谐的社会主义民族关系

巩固和发展平等、团结、互助、和谐的社会主义民族关系，是全国各族人民的根本利益和共同责任，是民族领域维护国家安全的核心目标。平等、团结、互助、和谐是处理民族关系的不可分割的内容。新中国成立以后，各族人民在政治、经济、文化和社会生活方面结成了相互依存、相互帮助的亲密关系，我国平等团结互助和谐的社会主义民族关系已经确立，凝聚起各族人民大团结的力量。

当前我国民族工作呈现明显的阶段性特征，民族地区经济社会发展不平衡问题突出，涉及民族因素的矛盾和纠纷上升，外来文化、宗教渗透严重，新媒体传播损害、诋毁民族关系的不良信息，特别是拉萨"3·14"事件、乌鲁木齐"7·5"事件、昆明火车站暴恐案件的发生，对民族关系造成伤害。维护民族领域的国家安全，要毫不动摇地巩固和发展平等、团结、互助、和谐的社会主义民族关系，全面认识和准确把握我国民族关系的主流，依法处理涉及民族因素的矛盾和纠纷，禁止对任何民族的歧视和压迫，禁止破坏民族团结和制造民族分裂的行为，维护各民族和睦相处、和谐发展的良好局面。

（三）坚持各民族一律平等

坚持各民族一律平等，是《宪法》的规定，是民族领域维护国家安全的根本原则。所谓民族平等，指各民族不分大小、不分政治经济文化的发展状况，在国家生活中一律享有平等的政治地位和法律地位。要坚决反对大汉族主义和地方民族主义，反对任何形式的民族歧视和民族压迫，切实保障各族群众的合法权益，长期帮助少数民族地区加速经济发展，大力发展民族文化，让各族群众平等共享改革发展成果，共同携手步入全面小康。

（四）加强民族交往、交流、交融

加强民族交往、交流、交融，是民族领域维护国家安全的重要途径。要正确看待民族差异，尊重各民族风俗和各民族群众选择，加强基层组织和基层政权建设，做好流动少数民族群众服务和管理，推动建立相互嵌入式的社会结构和社区环境，不断增强各族群众对伟大祖国、中华民族、中华文化、中国共产党、中国特色社会主义的认同。

（五）防范、制止和依法惩治民族分裂活动

防范、制止和依法惩治民族分裂活动，是民族领域维护国家安全的紧迫任务。禁止破坏民族团结和制造民族分裂的行为，是党和政府的一贯方针，是落实民族区域自治制度、实现民族团结和国家统一的基本前提。近年来受境内外复杂因素影响，民族分裂活动还很猖獗。比如西方反华势力利用所谓"民族"问题对我施压，支持和纵容民族分裂势力进行破坏活动，少数的民族分裂分子制造暴恐活动升级并向内地蔓延，"藏独"分裂破坏活动不断，等等。在民族领域维护国家安全，要把防范、制止和依法惩治民族分裂活动置于突出位置，采取强有力手段打击民族分裂势力的破坏活动，确保民族地区社会安定，最大限度团结和发动各族干部群众，让"民族团结是福、民族分裂是祸"的观念深入人心，筑起防范和制止民族分裂活动的人民防线。

（六）维护国家统一、民族团结和社会和谐

维护国家统一、民族团结和社会和谐，关系国家核心利益和中华民族伟大复兴，是民族领域维护国家安全的主要目标。要把民族工作的着眼点和着力点放到维护祖国统一、加强民族团结上，依法打击分裂国家和破坏民族团结的违法犯罪活动，保持民族地区社会稳定和长治久安。积极培育、铸牢中华民族共同体意识，引导各族群众牢固树立正确的国家观、民族观，担负起维护国家统一、民族团结和社会和谐的共同责任，为民族领域维护国家安全作出积极贡献。

（七）实现各民族共同团结奋斗、共同繁荣发展

实现各民族共同团结奋斗、共同繁荣发展，是中国特色解决民族问题的工作主题，是民族领域维护国家安全的基础支撑。当前，民族地区经济加快发展的好势头和发展的低水平并存，国家对民族地区支持力度持续加大和民族地区基本公共服务能力建设仍然薄弱并存。为此，要加快少数民族和民族地区经济社会发展，增进群众福祉，广泛开展民族团结的宣传教育和民族团结进步创建活动，使"汉族离不开少数民族、少数民族离不开汉族、各少数民族之间也相互离不开"的思想深入人心、得到落实，筑牢民族领域的国家安全根基。

● **阅读链接**

◆ **危害我国民族领域安全的案例**

2008年3月14日，一群不法分子在西藏自治区首府拉萨市区的主要路段实施打砸抢烧暴力破坏活动。他们焚烧过往车辆，追打过路群众，冲击商场、手机营业网点和政府机关，给当地人民群众生命财产造成重大损失，使当地的社会秩序受到严重破坏，13名无辜群众被烧死或砍死，造成直接财产损失超过3亿元。（来源：人民教育出版社2022年版《高中生国家安全教育》。作者：《高中生国家安全教育》编写组）

第十三节
关于"宗教领域安全"

一、援引法条原文

国家依法保护公民宗教信仰自由和正常宗教活动,坚持宗教独立自主自办的原则,防范、制止和依法惩治利用宗教名义进行危害国家安全的违法犯罪活动,反对境外势力干涉境内宗教事务,维护正常宗教活动秩序。

国家依法取缔邪教组织,防范、制止和依法惩治邪教违法犯罪活动。

(本法条源自《中华人民共和国国家安全法》第二十七条。其内容是对于宗教领域维护国家安全之任务作出的规定。)

二、立法背景及相关知识

新中国成立以来,党和国家将马克思主义宗教观同中国具体实际相结合,确立了被实践证明行之有效的宗教工作基本方针,即全面贯彻党的宗教信仰自由政策,依法管理宗教事务,坚持独立自主自办的原则,积极引导宗教与社会主义社会相适应。按照这一基本方针做好各项工作,是解决当前宗教领域问题的治本之策。

我国《宪法》和相关法律法规也贯彻和体现了这一基本方针。比如,《宪法》第三十六条规定:"中华人民共和国公民有宗教信仰自由。任何国家机关、社会团体和个人不得强制公民信仰宗教或者不信仰宗教,不得歧视信仰宗教的公民和不信仰宗教的公民。国家保护正常的宗教活动。任何人不得利用宗教进行破坏社会秩序、损害公民身体健康、妨碍国家教育制度的活动。宗教团体和宗教事务不受外国势力的支配。"《宗教事务条例》第四条规定:"宗教团体、宗教院校、宗教活动场所和信教公民应当遵守宪法、法律、法规和规章,践行社会主义核心价值观,维护国家统一、民族团结、宗教和睦与社会稳定。"《全国人民代表大会常务委员会关于取缔邪教组织、防范和惩治邪教活动的决定》规定:"坚决依法取缔邪教组织、严厉惩治邪教组织的各种犯罪活动。"

宗教存在的长期性和宗教问题的群众性、特殊复杂性,决定了宗教工作具有极强的政策性、敏感性和重要性。能否处理好宗教问题、做好宗教工作,关系党和国家工作全局,关系社会和谐稳定和国家长治久安。随着信教人数增加、宗教快速发展、境内外因素交织,宗教工作难度不断加大,宗教领域维护国家安全面临错综复杂的严峻形势。本法条分两款规定了宗教领域维护国家安全的任务,旨在通过依法管理宗教事务,提高宗教工作法治化水平,以"保护合法、制止非法、遏制极端、抵御渗透、打击犯罪",维护国家安全。

三、法条解读

(一)国家依法保护公民宗教信仰自由和正常宗教活动

依法保护公民宗教信仰自由和正常宗教活动,是我国维护人民利益、尊重和保护人权的重要体现,也是最大程度团结人民群众的需要。宗教领域维护国家安全的首要任务,就是全面正确贯彻宗教信仰自由政策,依法保护公民宗教信仰自由,把握政策、注意方法,依法制止一切非法干涉宗教信仰自由、伤害信教群众宗教感情的言行,增进信教群众和不信教群众之间的团结;依法保护正常宗教活动,合理安排宗教活动场所,保证信教群众过上正常的宗教生活,制止和打击利用宗教进行破坏社会秩序、损害公民身体健康、妨碍国家教育制度的活动。

(二)坚持宗教独立自主自办的原则

坚持宗教独立自主自办的原则,是我国基于长期遭受帝国主义压迫、有宗教被帝国主义控制和利用的惨痛历史教训所作出的自主选择,得到了信教群众的拥护和支持。宗教领域维护国家安全,要牢牢坚持宗教独立自主自办的原则，坚持宗教团体、宗教活动场所和宗教事务不受外国势力支配，培养爱国爱教教职人员队伍，提高宗教界人士素质，确保宗教组织领导权牢牢掌握在爱国爱教人士手中，努力营造和谐宗教关系，支持宗教界开展对外交往，增进各国人民和宗教界之间的相互了解和友谊。

（三）防范、制止和依法惩治利用宗教名义进行危害国家安全的违法犯罪活动

防范、制止和依法惩治利用宗教名义进行危害国家安全的违法犯罪活动，是针对利用宗教名义制造民族分裂和煽动暴力恐怖活动、危害国家安全而作出的规定。近年来，境内外民族分裂势力利用宗教在群众中的广泛影响，歪曲宗教教义，散布宗教极端思想，蒙蔽和裹挟信教群众，发展组织成员，从事民族分裂和暴力恐怖活动，严重影响社会政治安定，危害国家安全。宗教领域维护国家安全，要防范、制止和依法惩治利用宗教名义进行危害国家安全的违法犯罪活动，揭批违法犯罪分子披着宗教外衣从事危害国家安全的罪恶本质，拓宽信教群众正确掌握宗教常识的合法渠道，坚持正信正行，倡导宗教和谐理念，引导他们防止宗教狂热，高度警惕并主动抵制宗教极端思想的渗透和影响。

（四）反对境外势力干涉境内宗教事务

反对境外势力干预境内宗教事务，是贯彻宗教独立自主自办原则的必然要求，也是宗教领域维护国家安全的重点工作。近年来，有的境外宗教组织以"宗教信仰自由政策"作掩护，通过多种途径、多种方式对我进行渗透活动，与我争夺群众和宗教阵地，企图动摇我们党执政的群众基础。境外宗教组织插手我内部宗教事务，拉拢、分化我爱国宗教教职人员，扶持宗教地下势力，与我争夺宗教领导权、控制权。宗教领域维护国家安全，要坚决反对境外宗教团体和个人干涉境内宗教事务，依法实施对境外宗教组织和非政府组织在华活动的有效监管，明确部门分工、强化责任落实，抵御境外敌对势力利用宗教进行的渗透。

（五）维护正常宗教活动秩序

维护正常宗教活动秩序，是落实宗教信仰自由政策的重要举措，也是宗

第二章　维护国家安全的基本任务

教领域维护国家安全的现实需要。近年来,"三自"教会之外的教会组织和私设聚会点从农村向城市发展蔓延,其行动由秘密走向公开,游离于政府管理之外,成为影响宗教领域稳定的突出问题。涉及宗教事务的一些纠纷也明显增多,干扰了正常宗教活动秩序。宗教领域维护国家安全,要维护正常宗教活动秩序,把宗教团体、宗教教职人员、宗教活动场所、宗教活动纳入规范化、法治化管理,依法打击非法宗教组织和非法宗教活动,依法处理涉及宗教事务的纠纷。提高信教群众法治观念,引导他们在法律、政策范围内开展宗教活动,依法维护自身权益,自觉抵制利用宗教进行的各类违法犯罪活动。

(六)依法取缔邪教组织,防范、制止和依法惩治邪教违法犯罪活动

国家依法取缔邪教组织,防范、制止和依法惩治邪教违法犯罪活动,是宗教领域维护国家安全的紧迫任务。邪教披着宗教的外衣,干着违法的勾当,是全人类的公敌。多年来,"法轮功""全能神""呼喊派"等邪教组织冒用宗教、气功或其他名义,利用各种手段扰乱社会秩序,危害人民群众生命财产安全,不断侵蚀我执政基础。为了维护国家安全、保护人民利益,必须坚决打击邪教组织及其违法犯罪活动,坚持综合治理,将打击、制裁和劝诫、教育相结合,依法取缔邪教组织,惩治构成犯罪的组织者、策划者、指挥者和骨干分子,解救绝大多数被蒙骗群众。坚持系统治理,动员和组织全社会力量,严防邪教组织及邪教违法犯罪活动滋生和蔓延,加强宪法、法律和科学文化知识宣传教育,使人民群众充分认识邪教组织严重危害人类、危害社会的实质,自觉反对和抵制邪教组织的影响。

第十四节
关于"社会安全"

一、援引法条原文

国家健全有效预防和化解社会矛盾的体制机制,健全公共安全体系,积极预防、减少和化解社会矛盾,妥善处置公共卫生、社会安全等影响国家安全和社会稳定的突发事件,促进社会和谐,维护公共安全和社会安定。

(本法条源自《中华人民共和国国家安全法》第二十九条。其内容是对于维护社会安全之任务作出的规定。)

二、立法背景及相关知识

社会安全通常是指不特定的、多数人的健康、生命以及财产的安全。当前,我国正处于经济转轨、社会转型的特殊历史时期,面临着国际形势复杂、社会矛盾凸显等突出问题,社会安全已成为影响我国总体国家安全的重要因素。《突发事件应对法》第三条第一款规定:"本法所称突发事件,是指突然发生,造成或者可能造成严重社会危害,需要采取应急处置措施予以应对的自然灾害、事故灾难、公共卫生事件和社会安全事件。"从上述规定可以看出,社会安全事件是与自然灾害、事故灾难和公共卫生事件并列的突发事件类型。

近年来,因人民内部矛盾引发的群体性事件主要有以下几种:一是征地拆迁引发的群体性事件;二是环境污染引发的群体性事件;三是工资福利待遇问题引发的群体性事件;四是特殊利益诉求引发的聚集。维护社会安全主要是有效遏制重特大突发事件,防止出现严重社会动荡。目前,关于维护社会安全的法律法规主要有《中华人民共和国集会游行示威法》《中华人民共和国戒严法》《突发事件应对法》《治安管理处罚法》等法律，信访条例等法规。

三、法条解读

（一）健全有效预防和化解社会矛盾的体制机制

随着经济社会的快速发展，以及各种利益关系的调整，出现了许多新的社会矛盾，矛盾的主体、内容日益多样化、复杂化。社会矛盾的积累和激化往往有一个较长的过程，即所谓的潜伏期。一般来说，这个时期造成社会安全事件的结构、问题已经形成，此时处理不但简易而且有效，因此早期发现问题非常重要。发现征兆后，及时采取措施防止矛盾激化和事态扩大，就能有效预防社会安全事件的发生。矛盾如果不能及时疏导化解，有可能使矛盾激化或者发展为群体性事件，及时有效地预防和化解社会矛盾，具有重要意义。

《突发事件应对法》第二十一条、第二十二条规定："县级人民政府及其有关部门、乡级人民政府、街道办事处、居民委员会、村民委员会应当及时调解处理可能引发社会安全事件的矛盾纠纷。""所有单位应当建立健全安全管理制度，定期检查本单位各项安全防范措施的落实情况，及时消除事故隐患，掌握并及时处理本单位存在的可能引发社会安全事件的问题，防止矛盾激化和事态扩大；对本单位可能发生的突发事件和采取安全防范措施的情况，应当按照规定及时向所在地人民政府或者人民政府有关部门报告。"根据《突发事件应对法》的上述两条规定，所有单位应当掌握和及时处理本单位存在的可能引发社会安全事件的问题，防止矛盾激化和事态扩大，及时化解社会矛盾，对本单位可能发生的突发事件应当按照规定及时向所在地人民政府或者人民政府有关部门报告。县级人民政府及其有关部门、乡级人民政府、街道办事处、居民委员会、村民委员会负责调解处理可能引发社会安全事件的矛盾纠纷。

党的十八届三中全会提出创新有效预防和化解社会矛盾体制。主要包括：健全重大决策社会稳定风险评估机制；建立畅通有序的诉求表达、心理干预、矛盾调处、权益保障机制，使群众问题能反映、矛盾能化解、权益有保障；

改革行政复议体制，健全行政复议案件审理机制，纠正违法或不当行政行为；完善人民调解、行政调解、司法调解联动工作体系，建立调处化解矛盾纠纷综合机制；改革信访工作制度，实行网上受理信访制度；健全及时就地解决群众合理诉求机制。把涉法涉诉信访纳入法治轨道解决，建立涉法涉诉信访依法终结制度。

2015年，时任总理李克强在政府工作报告中提出："加强和创新社会治理。深化社会组织管理制度改革，加快行业协会商会与行政机关脱钩。支持群团组织依法参与社会治理，发展专业社会工作、志愿服务和慈善事业。鼓励社会力量兴办养老设施，发展社区和居家养老。为农村留守儿童、妇女、老人提供关爱服务，建立未成年人社会保护制度，切实保障妇女儿童权益。提高公共突发事件防范处置和防灾救灾减灾能力。做好地震、气象、测绘、地质等工作。深入开展法治宣传教育，加强人民调解工作，完善法律援助制度，落实重大决策社会稳定风险评估机制，有效预防和化解社会矛盾。把信访纳入法治轨道，及时就地解决群众合理诉求。深化平安中国建设，健全立体化社会治安防控体系，依法惩治暴恐、黄赌毒、邪教、走私等违法犯罪行为，发展和规范网络空间，确保国家安全和公共安全。人的生命最为宝贵，要采取更坚决措施，全方位强化安全生产，全过程保障食品药品安全。"

（二）健全公共安全体系

党的十八届三中全会提出"健全公共安全体系"，主要内容包括：完善统一权威的食品药品安全监管机构，建立最严格的覆盖全过程的监管制度，建立食品原产地可追溯制度和质量标识制度，保障食品药品安全；深化安全生产管理体制改革，建立隐患排查治理体系和安全预防控制体系，遏制重特大安全事故；健全防灾减灾救灾体制，加强社会治安综合治理，创新立体化社会治安防控体系，依法严密防范和惩治各类违法犯罪活动；坚持积极利用、科学发展、依法管理、确保安全的方针，加大依法管理网络力度，加快完善互联网管理领导体制，确保国家网络和信息安全。

（三）妥善处置公共卫生、社会安全等影响国家安全和社会稳定的突发事件

我国《突发事件应对法》规定了自然灾害、事故灾难、公共卫生事件和

第二章 维护国家安全的基本任务

社会安全事件这四类突发事件。其他突发事件，如公共卫生事件、事故灾难、自然灾害等，如果不能及时妥善处置，也会造成社会恐慌、社会失序，进而影响国家安全和社会稳定。

对于社会安全事件的处置，《突发事件应对法》第五十条规定，社会安全事件发生后，组织处置工作的人民政府应当立即组织有关部门并由公安机关针对事件的性质和特点，依照有关法律、行政法规和国家其他有关规定，采取下列一项或者多项应急处置措施：（1）强制隔离使用器械相互对抗或者以暴力行为参与冲突的当事人，妥善解决现场纠纷和争端，控制事态发展；（2）对特定区域内的建筑物、交通工具、设备、设施以及燃料、燃气、电力、水的供应进行控制；（3）封锁有关场所、道路，查验现场人员的身份证件，限制有关公共场所内的活动；（4）加强对易受冲击的核心机关和单位的警卫，在国家机关、军事机关、国家通讯社、广播电台、电视台、外国驻华使领馆等单位附近设置临时警戒线；（5）法律、行政法规和国务院规定的其他必要措施。严重危害社会治安秩序的事件发生时，公安机关应当立即依法出动警力，根据现场情况依法采取相应的强制性措施，尽快使社会秩序恢复正常。

对于自然灾害、事故灾难、公共卫生事件的处置，《突发事件应对法》第四十九条规定，履行统一领导职责的人民政府可以采取下列一项或者多项应急处置措施：（1）组织营救和救治受害人员，疏散、撤离并妥善安置受到威胁的人员以及采取其他救助措施；（2）迅速控制危险源，标明危险区域，封锁危险场所，划定警戒区，实行交通管制以及其他控制措施；（3）立即抢修被损坏的交通、通信、供水、排水、供电、供气、供热等公共设施，向受到危害的人员提供避难场所和生活必需品，实施医疗救护和卫生防疫以及其他保障措施；（4）禁止或者限制使用有关设备、设施，关闭或者限制使用有关场所，中止人员密集的活动或者可能导致危害扩大的生产经营活动以及采取其他保护措施；（5）启用本级人民政府设置的财政预备费和储备的应急救援物资，必要时调用其他急需物资、设备、设施、工具；（6）组织公民参加应急救援和处置工作，要求具有特定专长的人员提供服务；（7）保障食品、饮用水、燃料等基本生活必需品的供应；（8）依法从严惩处囤积居奇、哄抬物价、制假售假等扰乱市场秩序的行为，稳定市场价格，维护市场秩序；（9）依法从严惩处哄抢财物、干扰破坏应急处置工作等扰乱社会秩序的行为，维护社会治安；（10）采取防止发生次生、衍生事件的必要措施。

● **阅读链接**

◆ 天津港"8·12"事故

2015年8月12日晚，位于天津市滨海新区天津港的瑞海国际物流有限公司危险品仓库发生火灾爆炸事故。发生爆炸的是滨海新区港务集团瑞海物流危险化学品堆垛。爆炸喷发火球，同时引发剧烈的二次爆炸，引燃周边建筑物、停车场及露天堆场，方圆数千米都有强烈震感。据中国地震台网测算，这次事故总的爆炸能量相当于450吨TNT当量。

经国务院调查组认定，天津港"8·12"事故是一起特别重大生产安全责任事故，共造成165人遇难，8人失踪，798人受伤，已核定的直接经济损失达68.66亿元。（来源：北京时代华文书局2021年版《国家安全教育通识课》。作者：李大光）

第二章　维护国家安全的基本任务

第十五节
关于"生态安全"

一、援引法条原文

国家完善生态环境保护制度体系，加大生态建设和环境保护力度，划定生态保护红线，强化生态风险的预警和防控，妥善处置突发环境事件，保障人民赖以生存发展的大气、水、土壤等自然环境和条件不受威胁和破坏，促进人与自然和谐发展。

（本法条源自《中华人民共和国国家安全法》第三十条。其内容是对于维护生态安全之任务作出的规定。）

二、立法背景及相关知识

生态主要包括土壤、水、空气、植被等自然生态系统。保护和改善生活环境与生态环境，防治污染和其他公害，是我国的一项基本国策。生态安全是指自然生态系统的健康与完整性不受破坏的状况，是人类生产、生活并保持健康的自然条件和基础。国家生态安全，是指一个国家生存和发展所需的生态环境处于不受或少受破坏与威胁的状态，可以实现永续利用。生态安全是国家安全和社会稳定的重要组成部分，是由水、土壤、大气、森林、草地、海洋、生物等组成的自然生态系统，是人类赖以生存、发展的物质基础。生态安全有以下几方面特点。（1）整体性。生态环境是连通的，任何一个局部环境的破坏，都有可能引发全局性的灾难，甚至危及整个国家和民族的生存条件。（2）不可逆性。生态环境的支撑能力有一定限度，一旦超过其自身修复能力，会造成无法恢复的后果。（3）长期性。生态安全一旦出现问题，要解决的时间和经济上的花费代价巨大。（4）国际性。生态是一个国际系统，某方面生态出现问题，会影响全球生态安全。

随着工业化和城市化的高速发展，人类物质生活水平有了很大的提高，但同时也给自然生态系统带来了一定的负面影响。改革开放以来，我国经济取得了前所未有的发展。但环境也遭到了空前的破坏。从国土资源方面讲，土地退化（包括沙漠化、石漠化、盐碱化、草地退化）加剧，重金属、垃圾填埋及农药等有毒有害化学品对土壤造成严重污染。从水资源方面讲，工业废水和生活污水直排严重污染水资源，很多河流湖泊水质成为劣Ⅴ类，有水不能用，造成严重水质性缺水。此外，酸雨面积增加和水资源使用效率低下也造成我国水资源紧缺。从大气环境方面讲，近年来，我国雾霾天气增加，工业废气和汽车尾气污染严重，很多城市$PM_{2.5}$超标，空气质量严重下降，二氧化碳排放增长过快，气候变化加剧。从生物植被方面看，湿地面积减少，大量动植物处于濒危状态，生物多样性日益消失。我国环境污染、土地退化、水资源枯竭、空气质量下降、植被遭受破坏、生物多样性消失、气候变化已严重影响人们正常生活并制约着社会的可持续发展。生态安全备受关注。

针对以上情况，我国制定了大量法律法规保护生态环境。在土地保护方面制定了《土地管理法》《水土保持法》《防沙治沙法》等，在水资源保护方面制定了《水法》《水污染防治法》《淮河流域水污染防治暂行条例》《太湖流域管理条例》《海洋倾废管理条例》《防治船舶污染海洋环境管理条例》等法律法规；在大气保护方面制定了《大气污染防治法》《噪声污染防治法》《消耗臭氧层物质管理条例》等；在植被保护方面制定了《森林法》《草原法》《自然保护区条例》等法律法规；在综合环境保护方面制定了《环境保护法》《环境影响评价法》《固体废物污染环境防治法》《规划环境影响评价条例》《建设项目环境保护管理条例》《全国污染源普查条例》等法律法规。这些法律法规在保护生态环境方面起到了重要作用。

三、法条解读

(一)完善生态环境保护制度体系

2015年4月25日颁布的《中共中央 国务院关于加快推进生态文明建设的意见》对加快建立系统完整的生态文明制度体系作了明确要求。(1)健全法律法规。全面清理现行法律法规中与加快推进生态文明建设不相适应的内容,加强法律法规间的衔接。研究制定节能评估审查、节水、应对气候变化、生态补偿等方面的法律法规,修订相关法律等。(2)完善标准体系。加快制定修订一批能耗、水耗、地耗、污染物排放、环境质量等方面的标准,实施能效和排污强度"领跑者"制度,加快标准升级步伐。(3)健全自然资源资产产权制度和用途管制制度。对水流、森林、山岭、草原、荒地、滩涂等自然生态空间进行统一确权登记,明确国土空间的自然资源资产所有者、监管者及其责任。完善自然资源资产用途管制制度,明确各类国土空间开发、利用、保护边界,实现能源、水资源、矿产资源按质量分级、梯级利用。(4)完善生态环境监管制度。建立严格监管所有污染物排放的环境保护管理制度。健全环境影响评价、清洁生产审核、环境信息公开等制度。建立生态保护修复和污染防治区域联动机制。(5)严守资源环境生态红线。树立底线思维,设定并严守资源消耗上限、环境质量底线、生态保护红线,将各类开发活动限制在资源环境承载能力之内。(6)完善经济政策。健全价格、财税、金融等政策,激励、引导各类主体积极投身生态文明建设。(7)推行市场化机制。加快推行合同能源管理、节能低碳产品和有机产品认证、能效标识管理等机制。(8)健全生态保护补偿机制。科学界定生态保护者与受益者权利义务,加快形成生态损害者赔偿、受益者付费、保护者得到合理补偿的运行机制。(9)健全政绩考核制度。建立体现生态文明要求的目标体系、考核办法、奖惩机制。(10)完善责任追究制度。建立领导干部任期生态文明建设责任制,完善节能减排目标责任考核及问责制度。

(二) 加大生态建设和环境保护力度

良好的生态环境是最公平的公共产品，是最普惠的民生福祉。要加快治理突出的生态环境问题、多还旧账，让人民群众呼吸新鲜的空气，喝上干净的水，在良好的环境中生产生活。具体应从以下几方面着手。(1) 保护和修复自然生态系统。加快生态安全屏障建设，形成以青藏高原、黄土高原—川滇等为骨架，以其他重点生态功能区为重要支撑，以禁止开发区域为重要组成的生态安全战略格局。实施重大生态修复工程，有序实现休养生息。实施生物多样性保护重大工程，建立监测评估与预警体系，健全国门生物安全查验机制，有效防范物种资源丧失和外来物种入侵，积极参加生物多样性国际公约谈判和履约工作。(2) 全面推进污染防治。按照以人为本、防治结合、标本兼治、综合施策的原则，建立以保障人体健康为核心、以改善环境质量为目标、以防控环境风险为基线的环境管理体系，健全跨区域污染防治协调机制，加快解决人民群众反映强烈的大气、水、土壤污染等突出环境问题。(3) 积极应对气候变化。坚持当前长远相互兼顾、减缓适应全面推进，通过节约能源和提高能效，优化能源结构，增加森林、草原、湿地、海洋碳汇等手段，有效控制二氧化碳、甲烷、氢氟碳化物、全氟化碳、六氟化硫等温室气体排放。提高适应气候变化特别是应对极端天气和气候事件能力。

(三) 强化生态风险的预警和防控，妥善处置突发环境事件

随着突发环境事件的频繁发生，有效预防和处置突发环境事件，提升环境应急能力和预警水平，保障环境安全，已成为我国环境保护工作的重要内容。《环境保护法》规定：国家建立、健全环境监测制度；建立环境资源承载能力监测预警机制；国家建立跨行政区域的重点区域、流域环境污染和生态破坏联合防治协调机制；国家实行环境保护目标责任制和考核评价制度；划定生态保护红线，实行严格保护；国家建立、健全生态保护补偿制度；国家加强对大气、水、土壤等的保护，建立和完善相应的调查、监测、评估和修复制度；等等。

2011年10月发布的《国务院关于加强环境保护重点工作的意见》，提出有效防范环境风险和妥善处置突发环境事件。完善以预防为主的环境风险管

理制度，实行环境应急分级、动态和全过程管理，依法科学妥善处置突发环境事件。建设更加高效的环境风险管理和应急救援体系，提高环境应急监测处置能力。制定切实可行的环境应急预案，配备必要的应急救援物资和装备，加强环境应急管理、技术支撑和处置救援队伍建设，定期组织培训和演练。开展重点流域、区域环境与健康调查研究。全力做好污染事件应急处置工作，及时准确发布信息，减少人民群众生命财产损失和生态环境损害。健全责任追究制度，严格落实企业环境安全主体责任，强化地方政府环境安全监管。

● **阅读链接**

◆ **危害我国生态安全的案例**

2020年4月20日，四川省峨边彝族自治县群众杨某向国家安全机关举报称，某国家级自然保护区内有可疑的外国人活动。国家安全机关迅速联合行业主管部门开展核查处置。经查，外籍人员奥某某与中国籍同伴吴某某受境外机构指使，从2011年起先后数十次赴我国多个自然保护区，非法采集上千种野生植物物种标本和种子样本，向境外售卖数千次，获利数十万元。经有关专家鉴定，奥某某采集的多种植物，属于国家二级重点保护植物。2020年4月21日，有关部门在某自然保护区将奥某某等两人当场抓获。

采集植物标本寄送出境，严重危害非传统国家安全。……据了解，购买者由境外知名大学、植物协会、学术研究机构等组织和大量境外人员组成，其高度关注我国境内稀有的野生植物，指使在华境外人员盗采售卖，可能用于研究我国生物物种、生态系统多样性等，给我国非传统国家安全带来了严重威胁。（来源：北京时代华文书局2021年版《国家安全教育通识课》。作者：李大光）

第十六节
关于"核安全"

一、援引法条原文

国家坚持和平利用核能和核技术,加强国际合作,防止核扩散,完善防扩散机制,加强对核设施、核材料、核活动和核废料处置的安全管理、监管和保护,加强核事故应急体系和应急能力建设,防止、控制和消除核事故对公民生命健康和生态环境的危害,不断增强有效应对和防范核威胁、核攻击的能力。

(本法条源自《中华人民共和国国家安全法》第三十一条。其内容是对于维护核安全之任务作出的规定。)

二、立法背景及相关知识

核安全通常是指核材料及放射性物质的管理和使用处于没有任何危险的状态,包括放射性物质的管理、核资源的开采利用、核电站的运行、乏燃料的处理、防止核扩散等。需要采取核安全措施的设施和活动包括核电厂和其他核设施以及医用、发电用、工业用和军用核物资的运输、使用与存储等。

核安全关系经济社会发展全局和人民群众的切身利益,是全民关注的重大问题。我国历来重视核安全,加入了《不扩散核武器条约》《核安全公约》《核事故或辐射紧急情况援助公约》等国际条约,签署了《全面禁止核试验条约》,制定了《民用核安全设备监督管理条例》《放射性废物安全管理条例》《核电厂核事故应急管理条例》《中华人民共和国核出口管制条例》《中华人民共和国核两用品及相关技术出口管制条例》等行政法规。日本福岛核电站事故发生后,我国政府抓紧部署,于2012年出台了《核安全与放射性污染防治

"十二五"规划及2020年远景目标》,要求不断健全法规标准和政策措施,加强技术支撑和基础能力建设,强化质量保证,完善监管机制和应急体系,严格安全管理,不断提高核安全水平。

三、法条解读

(一)坚持和平利用核能和核技术

我国一向坚持和平利用核能和核技术,加强国际合作,防止核扩散,积极完善防扩散机制。防止大规模杀伤性武器及其运载工具的扩散有利于维护国际和地区的和平与安全,符合国际社会的共同利益,这已成为国际共识。国际社会经过长期不懈的努力,已建立起一个相对完整的国际防扩散体系。国际防扩散体系在防止和延缓大规模杀伤性武器及其运载工具的扩散、维护世界和地区的和平与安全方面,发挥了积极作用。我国一贯主张全面禁止和彻底销毁核武器、生物武器和化学武器等各类大规模杀伤性武器,坚决反对此类武器及其运载工具的扩散。中国不支持、不鼓励、不帮助任何国家发展大规模杀伤性武器及其运载工具。中国坚决支持国际防扩散努力,同时也十分关心国际和地区的和平与稳定。中国主张通过和平手段实现防扩散目标,一方面要不断改进国际防扩散机制,完善和加强各国的出口控制,另一方面应通过对话和国际合作解决扩散问题。

中国已参加了防扩散领域的所有国际条约和相关国际组织,并与其他国家和有关多国出口控制机制积极开展交流与合作。中国积极参与国际社会解决有关防扩散问题的外交努力,推动通过对话与合作,以和平方式解决相关问题。有效的出口管制是实现防扩散目标的重要手段。作为一个具有一定工业和科技能力的国家,中国在这一领域采取了极为负责任的政策和举措,相关出口营业管制做法已与国际通行做法基本一致。

(二)加强安全管理、监管和保护

加强安全管理,主要包括以下几个方面:提高核能与核技术利用安全水平,加强重大自然灾害对核设施影响的分析和预测预警;进一步提高核安全设备设计、制造、安装、运行的可靠性；加强研究堆和核燃料循环设施的安全整改，对不能满足安全要求的设施要限制运行或逐步关停；规范核技术利用行为，开展核技术利用单位综合安全检查，对安全隐患大的核技术利用项目实施强制退役。

加强安全监管，主要包括以下几个方面。完善核辐射安全审评方法。加强运行核设施安全监管，强化对在建、拟建核设施的安全分析和评估，完善核安全许可制度。完善核设施的安全管理。加强对核材料、放射性物品生产、运输、存储等环节的安全监管。加强核技术利用安全监管，完善核技术利用辐射安全管理信息系统。加强辐射环境质量监测和核设施流出物监督性监测。加强放射性污染防治。推进早期核设施退役和放射性污染治理。

（三）加强核事故应急体系和应急能力建设

关于核事故应急，我国已经制定了《突发事件应对法》《放射性污染防治法》《核电厂核事故应急管理条例》《放射性物品运输安全管理条例》等法律法规，并根据国家突发公共事件总体应急预案，制定了国家核应急预案。加强核事故应急体系和应急能力建设，主要充实核事故监测、预警、处置、信息、后果评价、决策和指挥能力。加强核应急救援体系建设，建立统一指挥、统一调度的核事故应急响应专业队伍，提高核事故应急响应能力。合理规划核电厂核事故应急计划区范围。强化地方政府的应急指挥、应急响应、应急监测、应急技术能力建设，制定并实施应急能力建设标准，配备必要应急物资及装备，提高地方政府应急水平。

（四）不断增强有效应对和防范核威胁、核攻击的能力

核力量是维护国家主权和安全的战略基石。中国始终奉行不首先使用核武器的政策，坚持自卫防御的核战略，无条件不对无核武器国家和无核武器地区使用或者威胁使用核武器，不与任何国家进行核军备竞赛，核力量始终维持在维护国家安全需要的最低水平。

建设完善核力量体系，提高战略预警、指挥控制、导弹突防、快速反应和生存防卫能力，慑止他国对中国使用或者威胁使用核武器。

本法条规范的核安全既包括维护民用核安全，也包括军事核安全。在相

当长的时期内，核威胁都是客观存在的，不会因我们坚持核能和核技术的和平利用，加强核技术水平和核应急能力建设而完全消失或减弱。因此，本法条规定，国家"不断增强有效应对和防范核威胁、核攻击的能力"，保护人民的生命财产安全和国家安全。

●阅读链接

◆关于核安全的案例

1986年4月26日，苏联切尔诺贝利核电站4号反应堆机组检修后重新启动过程中，堆芯发生超瞬发临界，堆芯熔化，高温产生大量的氢气和蒸汽发生爆炸，引发大火并散发出大量高能辐射物质至大气层。事故致使31人在数周内死亡（包括非放射性致死3人），参加事故清理人员20万人，平均辐射量100mSV。据估计，切尔诺贝利核事故给乌克兰和白俄罗斯造成的直接经济损失在2350亿美元以上。这一事故被认为是核电历史上最严重的事故，也是国际核事件分级表中被评为7级（最高级）的事故。

……………

福岛核电站是世界上最大的核电站。2011年3月11日，地震引发的海啸摧毁了福岛第一核电站的紧急发电机，使冷却系统无法工作。私营的东京电力处置不力，引发堆芯熔毁、氢气爆炸、核物质泄漏等灾难性后果。2011年4月12日，日本原子能安全保安院根据国际核事件分级表将福岛核事故定为最高级7级。（来源：人民教育出版社2022年版《高中生国家安全教育》。作者：《高中生国家安全教育》编写组）

第十七节
关于"新兴领域安全"

一、援引法条原文

国家坚持和平探索和利用外层空间、国际海底区域和极地,增强安全进出、科学考察、开发利用的能力,加强国际合作,维护我国在外层空间、国际海底区域和极地的活动、资产和其他利益的安全。

(本法条源自《中华人民共和国国家安全法》第三十二条。其内容是对维护新兴领域之安全任务作出的规定。)

二、立法背景及相关知识

外层空间、国际海底区域和极地等新兴领域,不属于国家主权管辖范围,但是近年来,这些新兴领域对于国家安全的重要性,已经越来越成为世界各国的共识。世界各国普遍认为这些领域属于未来国家利益拓展和维护国家安全的"战略新疆域"。

西方发达国家从20世纪80年代起就开始逐步加强这些新兴领域的立法工作,美国、日本、俄罗斯以及有关欧洲国家也都将太空、极地、深海作为国家安全战略的重要内容,通过法律和国家政策保障本国在新兴领域国家利益的安全。我国目前在这些领域也有着现实和潜在的重大国家利益,也面临着安全威胁和挑战,因此,本法立足于维护国家安全的未来需要,在本条内容中对外层空间、国际海底区域和极地的国家安全任务作出原则性规定,为相关工作提供法律依据和预留立法接口。

三、法条解读

（一）关于外层空间

1.外层空间的法律地位。

目前国际法上专门针对外层空间活动的公约有5件，分别是《关于援救航天员，送回航天员及送回射入外空之物体之协定》《外空物体所造成损害之国际责任公约》《关于登记射入外层空间物体的公约》《指导各国在月球和其他天体上活动的协定》以及《关于各国探索和利用包括月球和其他天体在内外层空间活动的原则条约》（简称《外空条约》）等。另外，《限制反弹道导弹条约》《国际电信公约》《国际无线电规则》，以及《联合国宪章》等的基本原则，对太空活动也有一定规范。

根据《外空条约》，外层空间属于全人类共同所有，各国不得通过主权要求、使用或占领等方法，以及其他任何措施，把外层空间（包括月球和其他天体）据为己有。同时，所有国家可在平等、不受任何歧视的基础上，根据国际法自由探索和利用外层空间，自由进入天体的一切区域。

2.外层空间的利用原则。

归纳起来，现行外层空间利用主要确立了以下四个原则。（1）共同利益原则。探索和利用外层空间应为所有国家谋福利和利益。（2）平等共有原则。外层空间是对全人类开放的空间，一切国家可以不受歧视地、平等地、自由地探索和利用外层空间，进入天体的一切地区。（3）和平利用原则。任何国家不得在绕地球轨道、天体或者深空放置、部署核武器或者其他大规模杀伤性武器，禁止在天体上建立军事基地、设施、工事或者其他大规模杀伤性武器，禁止在天体上建立军事基地、设施、工事及试验任何类型的武器和进行军事演习。（4）不得据为己有原则。任何国家不得通过主权要求、使用或者占领等方式，以及其他任何措施，将包括月球及其他天体在内的太空据为己有。

3.外层空间安全方面存在的问题。

随着外层空间技术的快速发展和外层空间领域竞争的日益加剧，尤其是主要航天大国在外层空间武器化问题上的矛盾和争议，现行外层空间面临的挑战和问题逐渐突出。主要体现在以下几个方面：（1）对外层空间武器化约束有限；（2）条约部分概念术语定义不够严格；（3）条约缺乏有效的执法程序和机制；（4）外层空间活动普及带来新的法律问题，例如外层太空商业化与私营化趋势加快，私人或者非政府组织进行太空探索的权利、义务和责任的认定缺乏法律界定。

4.我国关于外层空间的规定。

目前很多国家均针对外层空间的开发利用制定了法律。美国、英国、法国、德国、西班牙、比利时、澳大利亚、加拿大、日本等国均制定了相关法律。我国于1983年加入《外空条约》，1988年加入《关于援救航天员，送回航天员及送回射入外空之物体之协定》《外空物体所造成损害之国际责任公约》《关于登记射入外层空间物体的公约》等。2001年原中国国防科学技术工业委员会和外交部发布了《空间物体登记管理办法》，这是我国第一部规范空间活动的规章。2002年原中国国防科学技术工业委员会又公布了《民用航天发射项目许可证管理暂行办法》，该办法建立了对在我国境内非军事用途的航天器进入外层空间的行为的许可证管理体系，与之相配套，还出台了《民用航天发射许可证审批办理程序》。

我国还制定了一系列外层空间政策调整外层空间活动。如2004年4月经国务院批准，原国防科工委和国家发改委联合发布的《国防科技工业产业政策纲要》中有关航天产业的政策规定；原国防科工委在2007年通过的《航天发展"十一五"规划》和《"十一五"空间科学发展规划》；原国防科工委和国家发改委在2007年联合颁布的《关于促进卫星应用产业发展的若干意见》。此外，还有众多的关于减缓空间碎片政策的规定，如，在国家航天局的统一领导下编制的《空间碎片行动计划（2006—2010）》等。

第二章 维护国家安全的基本任务

（二）关于国际海底区域

1.关于国际海底区域的法律地位。

《联合国海洋法公约》第十一部分和《关于执行1982年12月10日〈联合国海洋法公约〉第十一部分的协定》对国际海底区域作了规定：（1）在地理空间上，它指的是主权国家管辖范围（领海、毗连区、专属经济区和大陆架）以外的海底、洋底及其底土；（2）在法律地位上，国际海底区域及其自然资源是人类的共同继承财产；（3）在资源开发权上，对国际海底区域资源开发的一切权利属于全人类；（4）在具体管理上，由国际海底管理局代表全人类为"全人类的利益"进行管理。

2.国家参与国际海底区域开发利用等权利义务。

《联合国海洋法公约》和《关于执行1982年12月10日〈联合国海洋法公约〉第十一部分的协定》规定，国家参与国际海底区域及其资源开发利用等的权利、义务包括：（1）任何海洋法公约缔约国及其国有企业，或在缔约国担保之下的具有该国国籍的自然人或法人，可以与国际海底管理局协作的方式进行国际海底区域内资源的勘探和开发，但任何国家都不能对国际海底区域及其资源主张或者行使主权或主权权利，不能把国际海底区域及其资源据为己有；（2）任何国家都有公平地享受国际海底资源收益的权利；（3）要和平利用国际海底区域；（4）保护和保全国家海底区域的海洋环境；（5）所有国家均有权在国家海底区域内进行海洋科学研究；（6）在国际海底区域内的一切行为应符合国际法。

3.我国在国际海底区域享有国际法权利和现实利益。

我国1996年批准加入《联合国海洋法公约》，按照公约规定，我国享有参与国际海底区域及其资源勘探开发和科学研究等国际法赋予的权利。目前，在中国政府的担保下，中国大洋矿产资源研究开发协会以及五矿集团先后与国际海底管理局正式签订四份国际海底区域有关矿区勘探合同，我国已成为世界上在国际海底区域及其资源拥有实际利益的少数几个国家之一。我国在国际海底区域的活动具有重要的战略意义。在政治上，维护了国际海底区域及资源是"人类共同继承遗产"这一原则和我国在这一领域应有的权利；在经济上，则着眼于开发利用国际资源，为我国经济社会可持续发展开辟了战略资源储备基地，为维护我国资源安全提供了强有力支撑。

4.我国关于参与国际海底区域相关事务的规定。

21世纪以来，按照发展海洋经济，建设海洋强国的目标，国家先后出台了一系列文件，包括原国家经贸委《关于发布〈"十五"工业结构调整规划纲要〉的通知》、国务院《关于印发〈全国海洋经济发展规划纲要〉的通知》、国务院《关于印发〈中国21世纪初可持续发展行动纲要〉的通知》、国家发展改革委《关于印发〈高技术产业发展"十一五"规划〉的通知》、国务院《关于印发〈全国海洋经济发展"十二五"规划〉的通知》、国务院《关于印发〈国家重大科技基础设施建设中长期规划（2012—2030年）〉的通知》等等，对我国积极参与国际海底区域科学考察、开发利用和国际合作，维护我国在国际海底区域的合法权益提出新要求、做出新部署。主要包括以下几方面：一是持续开展国际海洋地质调查和国际海底矿产资源勘查；二是加强国际海底区域矿产资源勘探、研究与开发；三是加强国际海域的基础能力建设，加大深海矿产资源勘查、开采、选冶等技术装备的研发力度，发展深海生物基因资源采集、保藏、提取、培养等相关技术；四是增强我国参与国际海洋事务的能力；五是加强国际合作。

（三）关于极地区域

极地区域包括南极地区和北极地区。其中，南极地区泛指南纬60度南极圈以南的地区，包括南极大陆、周围岛屿和海洋；北极地区是指北纬60度北极圈以内的区域，除了少数国家的领土，主要部分是北冰洋。

1.关于极地区域的法律地位。

南极和北极在自然条件方面有许多共同点，但是其法律地位和法律制度方面差异巨大。《南极条约》和其他条约规定，对南极的任何领土主权要求处于冻结状态，在条约的有效期内，原来提出过领土主权的国家可以不放弃其主张，但也不能提出新的主张，原来没有提出过领土主权主张的国家不得再提出新的要求。此外，条约还要求南极永远只用于和平目的、科学考察自由、各国科学合作，各国对南极有环境保护义务等。

在北极地区没有一个专门适用的国际条约，更没有像南极条约体系那样系统完备的法律制度。目前适用于北极地区的国际法主要有《联合国海洋法公约》、1920年关于斯匹次卑尔根群岛主权归属和资源开发利用问题的《斯匹次卑尔根群岛条约》、1973年北冰洋五国签署的《北极熊保护协定》以及其他适用于北极地区的环境、航行等国际公约。与南极冻结领土主权要求不同，北极地区的陆地和岛屿均分别属于环北极地区不同国家的领土，环北极国家可以依据海洋法公约在北冰洋享有相应的领海、毗连区、专属经济区和大陆架的相关权利。各个国家领海范围以外的海洋属于公海，各国大陆架以外的海床和底土属于国际海底区域。另外，1920年《斯匹次卑尔根群岛条约》明确规定斯匹次卑尔根群岛主权属于挪威，但是各缔约国有权在该地区依法平等从事海洋、工业、矿业和商业活动。中国于1925年加入该条约。

2.我国在极地区域享有国际法权利和现实利益。

我国目前在南极地区已经建立了四个科学考察站，分别是1985年建立的长城站、1989年建立的中山站、2009年建立的昆仑站和2014年建立的泰山站。此外，我国于1994年批准了《关于环境保护的南极条约议定书》。根据议定书的规定，缔约国可以在南极申请设立南极特别保护区和南极特别管理区，管理国可以采取严格的保护措施并建立进入许可制度来对这些区域加以管理。我国于2007年与澳大利亚、印度、罗马尼亚和俄罗斯联合提请设立了东南极拉斯曼丘陵南极特别管理区，2008年我国单独申请在南极格罗夫山地区哈丁山设立南极特别保护区获得批准。此外，我国还与澳大利亚联合申请了南极特别保护区。

我国目前在北极的活动主要是科学考察活动，并于2004年在北极地区的斯匹次卑尔根群岛建立了黄河科考站。同时，我国依据《联合国海洋法公约》依法享有对于北极地区公海和国际海底区域的相关权利。特别是随着未来北极西北航道、东北航道的打通，北极航行自由对于我国未来发展非常重要，战略价值和经济价值都不可低估。

3.我国关于参与极地区域相关事务的有关规定。

2014年国家海洋局制定通过了《南极考察活动行政许可管理规定》。此外，国务院颁发的有关测绘、海洋、科技发展等相关文件中，也对极地科考和生物资源利用提出了以下明确要求，比如：（1）测绘。《测绘地理信息发展"十二五"总体规划纲要》提出"继续加强南、北极基础测绘"的要求。（2）生物资源利用。《国务院关于促进海洋渔业持续健康发展的若干意见》提出"积极参与开发南极海洋生物资源"的要求。（3）航运。《国务院关于促进海运业健康发展的若干意见》提出"完善全球海运网络。优化港口和航线布局，积极参与国际海运事务及相关基础设施投资、建设和运营，扩大对外贸易合作。加强重要国际海运通道保障能力建设"。（4）科学考察。《国家重大科技基础设施建设中长期规划（2012—2030年）》提出了"中国南极天文台"和"南极气球站"的建设要求。

●阅读链接

◆美国成立独立太空军

美国前总统肯尼迪曾预言："谁能控制太空，谁就能控制世界。"广袤的太空因蕴藏着巨大的政治、经济、军事、科技价值，日益成为国际竞争新领域。在该理念牵引下，美国于2019年12月20日正式成立了独立的太空军。太空军下属的15个太空联队、一个太空与导弹系统中心，3400名军官、6200名士兵及部分文职人员共约16000人转入太空军序列。这是美军的第六大军种。

美国太空军建设目的明确，具有鲜明的实战化导向，如若发生战争，可对那些没有太空军事部署的国家进行"降维打击"。太空军主要由航天发射、航天测量跟踪管理、防天监视作战和军事航天员四个职能属性的部队构成。航天发射部队担负运载卫星和航天器发射的检查、测试、总装、对接、推进剂加注、瞄准发射等任务。航天测量跟踪管理部队担负轨道测量和控制、航天器内部工作参数测量和航天器控制等任务。防天监视作战部队担负监视敌对国的航天器和洲际导弹发射及截击敌方导弹和军事航天器的任务。军事航天员部队是在航天飞机、空间站或宇宙飞船上执行军事任务的航天员队伍，负责战役管理以及监视来自空中、水下和地面发射的洲际导弹，跟踪外层空间的敌方军用航天器。

美国太空军的出现还意味着太空不再是和平的太空，不再是安全的太空，不再是没有战争的太空。2020年7月，美国太空军公布了其组织架构，由太空作战司令部、太空系统司令部和太空训练战备司令部三个司令部构成。太空作战司令部的主要工作是监督军用卫星运行，包括GPS（全球定位系统）、导弹预警卫星以及各种通信卫星等。司令部是太空系统司令部，主要是对空间的这些装备武器系统整体运作进行维护，当然也包括研发，其职能是装备层面的研发、装备维护。太空训练战备司令部就是人员上岗之前进行培训的部门。2021年5月6日，美太空军发布《美太空军数字军种愿景》，文件阐述了太空军创建数字军种的必要性，指出了太空军数字转型应遵循的三大原则，明确了实现愿景需重点关注的四大领域。太空军数字愿景是创建一支互联、创新、数字主导的部队。2021年5月，美国智库发布《重塑美国军队：太空军》研究报告，这是重塑美国军队系列报告的第6份报告，研究了太空军的概念、原则和计划的影响，为今天的太空部队建设提供参考，评估了关键任务，并为太空部队建设提出政策和措施建议，以应对未来冲突。美国成立太空部队，大力发展太空作战力量，推动太空军事化和军备竞赛，严重威胁太空的和平与安全。（来源：北京时代华文书局2021年版《国家安全教育通识课》。作者：李大光）

第十八节
关于"海外利益安全"

一、援引法条原文

国家依法采取必要措施,保护海外中国公民、组织和机构的安全和正当权益,保护国家的海外利益不受威胁和侵害。

(本法条源自《中华人民共和国国家安全法》第三十三条。其内容是对于维护海外利益安全之任务的规定。)

二、立法背景及相关知识

保护我国海外利益是保护我国国家利益的重要组成部分。随着我国对外开放的不断深化和经济全球化的加速发展以及国家"走出去"战略的实施,我国企业在海外的投资不断扩大,在海外经商、旅游、留学的中国公民数量与日俱增,我国在海外的利益不断扩大。随着"一带一路"倡议的实施,我国在海外的利益还会进一步扩大。但是国际安全形势不确定、不稳定因素增多,国际恐怖活动和针对我国公民的犯罪时有发生,我国海外利益面临的安全风险有所上升,维护我国海外利益的任务十分艰巨。海外中国公民、组织和机构的安全和正当权益成为外交保护、领事保护的重要方面。《中华人民共和国驻外外交人员法》第五条明确规定驻外外交人员的职责包括"维护中国公民和法人在国外的正当权益"。2014年党的十八届四中全会进一步要求:"强化涉外法律服务,维护我国公民、法人在海外及外国公民、法人在我国的正当权益,依法维护海外侨胞权益。"2015年国务院《关于落实〈政府工作报告〉重点工作部门分工的意见》提出:健全金融、信息、法律、领事保护服务,注重风险防范,提高海外权益保障能力。

三、法条解读

（一）保护海外公民、组织、机构权益的现状

据不完全统计，2015年我国出国旅游人数超过1.2亿人次。到2014年底，我国在海外留学的人员有170.88万人，从1978年到2014年，我国出国留学总人数达到351.84万人。截至2015年11月底，我国在外劳务人员达103.8万人，我国累计非金融类对外直接投资达55786亿元人民币。随着我国不断对外开放，我国与世界各国的交往还将进一步加深，我国到海外旅游、经商、学习的公民还会进一步增加，到国外开展国际经济贸易合作的企业也会进一步增多。我国公民、组织和机构在国外的安全和正当权益基本是有保障的。但在个别国家或个别情况下也有针对我国公民的犯罪，个别国家对我国企业还存在偏见或歧视，有时个别国家可能发生武装冲突和社会骚乱与动荡。在上述情况下，我国公民、组织和机构在海外安全和正当权益以及国家在海外的利益就可能受损，国家应采取相应措施予以保护。如2011年西方对利比亚进行突袭，旅居利比亚的大量中国公民生命安全受到威胁，我国政府动用大量飞机和船舶把3万多名中国公民成功地从利比亚撤回，较好地保护了中国公民人身安全。这是中国政府成功保护中国海外公民人身安全的案例之一。鉴于上述情况，《国家安全法》有必要把维护我国公民、组织和机构在海外安全和正当权益以及国家在海外的利益纳入其管辖范围。

（二）保护的对象

本条所讲"中国公民"，是指具有中国国籍的人员，不包括已经取得驻在国国籍的华裔。"组织和机构"是指法人，包括企事业单位、科研机构、院校等。"国家的海外利益"是指国家作为一个整体在海外的利益，其范围很广，包括国有资产、国家机密、国家形象、国家软实力、国家在国际上的权益等等。

从法律的角度讲，国家保护的是中国公民的人身安全以及中国公民、组织、机构和国家在海外的正当权益和公正待遇。如果某国发生专门针对中国

公民的犯罪，中国政府就必须提起严正交涉，要求有关国家采取切实行动加强对中国公民的保护并严惩犯罪分子或犯罪组织，预防再次发生专门针对中国公民的犯罪。再比如中国公民在海外犯罪，中国政府就应派外交或领事官员旁听审判过程，确保其受到公正审判和人格尊严不受侵犯。再比如中国企业在国外受到歧视，中国政府也应提起交涉，确保中国企业在海外得到公正待遇。

本法条规定：国家"保护海外中国公民、组织和机构的安全和正当权益"。这里规定的"正当权益"与"合法权益"有联系，通常情况下二者的范围基本一致但并不完全重叠。中国公民和法人位于别国领土之上，根据属地管辖原则，他们受所在国法律管辖。我国《宪法》第五十条规定："中华人民共和国保护华侨的正当的权利和利益，保护归侨和侨眷的合法的权利和利益。"这里对于归侨和侨眷表述为"合法的权利和利益"，而对于华侨则采用了"正当的权利和利益"。这主要就是考虑根据保护的主体所在地域的不同，合法性与正当性的范围可能有所区别。归侨和侨眷作为中国公民，处于中华人民共和国的范围内，理所应当遵守中国法律，因此只有合法的权利和利益才能得到保护。但是，华侨作为中国公民又长期定居国外，所在国法律规定可能与中国的法律规定不一致，有的行为在所在国是合法的，但是在我国可能属于非法的；有的行为在所在国是非法的，但是在我国可能是合法行为。更为极端的情况是：有的所在国的法律本身，就存在威胁我国国家安全或者对中国公民、组织存在歧视的规定。这种情况下，国家是否予以保护的问题就不能简单地考虑该行为是否符合当地法律规定，而需要考虑"正当性"。

（三）国家维护海外利益的措施

本法条规定国家依法采取必要措施"保护国家的海外利益不受威胁和侵害"。第一个要求就是国家采取相关措施应当依法依规。一是必须符合中国相关法律的规定；二是必须遵守国际法和公认的国际关系准则；三是应该尊重别国主权和司法独立。在中国公民、组织和机构的安全与正当权益以及国家整体利益在海外受到威胁的情况下，国家必须依法采取切实措施保护中国公民、组织和机构在海外的安全和正当权益以及国家整体海外利益。最常用的是外交和领事保护。《维也纳外交关系公约》规定，使馆"于国际法许可之限度内，在接受国中保护派遣国及其国民之利益"。《中华人民共和国驻外外交人员法》也规定"维护中国公民和法人在国外的正当权益"是驻外外交人员的重要职责之一。因此，按国际法和公认的国际关系准则保护我国在海外的本国公民、组织和机构安全与正当权益以及国家整体海外利益是必需的。

第二个要求就是采取的措施应当以"保护海外中国公民、组织和机构的安全和正当权益，保护国家的海外利益不受威胁和侵害"为限度。近年来，我国为维护海外利益开展了许多工作，其中既包括外交措施，也包括行政执法合作，在紧急情况下，还包括了海外军事行动。例如：一是深化对外友好交往与合作，打造"全球伙伴关系网络"，夯实维护我国海外利益安全的根基；二是同有关国家商签双边投资保护协议等，为保护和促进海外投资营造有利的法律环境；三是加强领事保护工作，成立"外交部全球领事保护与服务应急呼叫中心"等；四是开展双多边反恐与执法安全合作，为我国海外利益提供更多保障；五是派遣海军舰艇编队赴亚丁湾、索马里海域执行护航任务，有效维护了我国海上重要战略通道和人员、船舶安全。这些工作于法有据，较好地维护了我国的海外利益。

● **阅读链接**

◆ **利比亚战争**

利比亚在2011年发生的武装冲突，在利比亚国内常称为"2月17日革命"。这场战争也是美、英、法等西方国家打着联合国正义的旗号，对利比亚实施持续数日的空袭和海上封锁的一场高技术局部战争。这是继科索沃战争和伊拉克战争之后，西方国家以不同借口对主权国家所发动的又一场战争。

利比亚在此次内外战争中，人员伤亡惨重，基础设施遭到严重损毁。其政局动荡也对我国在利从事承包工程的企业造成相当大的影响。合同搁浅、项目停止、驻地遭袭、大规模撤侨等,利比亚局势动荡给中国企业带来的损失显而易见。据相关专家估计,中国200多亿美元资金在利比亚利益洗牌中有可能"打水漂"。

2011年3月22日,商务部新闻发言人在商务部例行新闻发布会上表示,受西亚北非地区政局动荡的影响,1—2月,我国在利比亚新签合同额同比减少45.3%,完成营业额减少13.9%。发言人表示,目前中国在利比亚承包的大型项目一共有50个,涉及的合同金额是188亿美元。除了政府层面的建设项目外,中国民间在利比亚的投资至少超过了30亿美元,这些钱也因为战争的爆发"打了水漂"。(来源:北京时代华文书局《国家安全教育通识课》。作者:李大光)

第三章
维护国家安全的法定义务和权利

世界上任何一国的公民皆有维护国家安全的义务及相应的权利。由法律规定的公民和组织维护国家安全的义务，是以国家强制力保障实施的，是不能放弃而又必须履行的。违者，即应承担法律责任。公民和组织在履行维护国家安全法定义务的同时亦享有相应的法定权利，所有法律权利亦都受国家的保护，一旦受到侵害，公民和组织即有权向有关部门申诉和请求保护。权利是法律赋予的，只有依法行使，才能受到保护，故意捏造或者歪曲事实进行诬告陷害的，要依法惩处，构成犯罪的还会被追究刑事责任。

本章着重讲述公民和组织维护国家安全的法定义务及其权利。

第一节 关于法定义务

一、公民和组织维护国家安全的一般性义务

（一）援引法条原文

公民和组织应当履行下列维护国家安全的义务：

（1）遵守宪法、法律法规关于国家安全的有关规定；

（2）及时报告危害国家安全活动的线索；

（3）如实提供所知悉的涉及危害国家安全活动的证据；

（4）为国家安全工作提供便利条件或者其他协助；

（5）向国家安全机关、公安机关和有关军事机关提供必要的支持和协助；

（6）保守所知悉的国家秘密；

（7）法律、行政法规规定的其他义务。

任何个人和组织不得有危害国家安全的行为，不得向危害国家安全的个人或者组织提供任何资助或者协助。

（本法条源自《中华人民共和国国家安全法》第七十七条。其内容是对公民和组织维护国家安全之义务作出的规定。）

（二）立法背景及相关知识

我国《宪法》第五十四条、第五十五条规定，中华人民共和国公民有维护祖国的安全、荣誉和利益的义务，不得有危害祖国的安全、荣誉和利益的行为。保卫祖国、抵抗侵略是中华人民共和国每一个公民的神圣职责。《国家安全法》第十一条进一步规定"中华人民共和国公民、一切国家机关和武装力量、各政党和各人民团体、企业事业组织和其他社会组织，都有维护国家安全的责任和义务""中国的主权和领土完整不容侵犯和分割。维护国家主权、统一和领土完整是包括港澳同胞和台湾同胞在内的全中国人民的共同义

务"。国家安全关乎国家核心利益，在国家安全工作中，应当重点强调公民和组织维护国家安全的义务和责任。

（三）法条解读

本法条第一款，详细规定了公民和组织在维护国家安全方面应当履行和必须主动做出一定行为的七项积极义务；第二款，规定了个人和组织在维护国家安全方面必须履行的两项禁止性义务。

1.积极义务。

法律上的"积极义务"又称"作为义务"，是指以义务人须为一定行为（作为）为内容的义务。《国家安全法》规定公民应该履行下列维护国家安全的义务。

一是遵守宪法、法律法规关于国家安全的有关规定。公民和组织要履行该项义务，必须积极主动地从事下列活动。首先，必须对宪法、法律法规关于国家安全的有关规定内容有比较全面和系统的学习了解，才能在准确理解宪法、法律法规关于国家安全的规定内容和含义的基础上，自觉地遵守宪法、法律法规的有关规定。其次，公民和组织要充分了解和准确地理解宪法、法律法规关于国家安全的有关规定内容，除了可以通过自学方式掌握相关法律规定的精神，还应当参加由党政机关专门的普法机构以及单位、社区、学校等组织的学习宣传教育活动，提高自身对有关规定的立法宗旨和立法意义的认识，增强遵守宪法、法律法规的自觉性。最后，公民和组织遵守宪法、法律法规关于国家安全的有关规定，核心的要求是遵守各项规定，履行维护国家安全的义务。

二是及时报告危害国家安全活动的线索。危害国家安全活动表现在每一个领域，渗透到日常生活的方方面面，往往有一定的隐蔽性，专门的国家安全机构必须依靠社会公众提供的线索来及时跟踪、调查和发现危害国家安全活动的线索，才能达到事半功倍的效果。公民和组织应当积极主动及时地报告危害国家安全活动的线索，增强专门的国家安全机关侦查危害国家安全活动的能力。如《反间谍法》第十六条规定："公民和组织发现间谍行为，应当及时向国家安全机关举报……"

三是如实提供所知悉的涉及危害国家安全活动的证据。公民和组织如实提供所知悉的涉及危害国家安全活动的证据，可以帮助专门的国家安全机构及时和有效地侦破危害国家安全活动的案件，为检察机关依法提起公诉提供充分的事实根据，并为法院作出正确的判决、及时和有效地依法惩治危害国家安全活动提供可靠的定罪量刑依据。公民和组织履行本项义务的重点注意事项有三个方面。第一，要"如实"，只有实事求是地提供情况，才能保证专门的国家机构处理危害国家安全活动案件时作出正确判断。第二，提供涉及危害国家安全活动的证据应当是其"知悉"的，不是道听途说或者是通过间接传闻渠道获得的，这样可以保证专门的国家机构处理相关证据时避免浪费时间和精力，保证办案质量和效率。第三，应当提供的"证据"是涉及危害国家安全活动的，"证据"本身应当符合法律法规所规定的证据特征。如《反间谍法》第三十二条规定：在国家安全机关调查了解有关间谍行为的情况、收集有关证据时，有关组织和个人应当如实提供，不得拒绝。

四是为国家安全工作提供便利条件或者其他协助。本法第十一条第一款规定："中华人民共和国公民、一切国家机关和武装力量、各政党和各人民团体、企业事业组织和其他社会组织，都有维护国家安全的责任和义务。"因此，维护国家安全不仅仅是本法所规定的各类专门的国家安全机关的职责，也是公民和组织的法律义务。这就要求公民和组织应当积极配合专门的国家安全机构有效地开展各项维护国家安全工作，为国家安全工作提供便利条件或者其他协助。本项所规定的"为国家安全工作提供便利条件"既包括允许执行国家安全任务的机构和人员进入特定场所、使用特定工具、查阅必要材料，也包括拆除各种妨碍国家安全工作的设施设备、停止影响国家安全工作的行为、暂时中断与外界的联系等。本项所规定的"其他协助"范围很广，涉及人力物力财力等多方面的协助，必要时包括直接参与某些特定的国家安全工作。

五是向国家安全机关、公安机关和有关军事机关提供必要的支持和协助。该项义务与本条第一款第四项规定的公民和组织有"为国家安全工作提供便利条件或者其他协助"的法律义务区别在于，第四项是针对所有国家安全工

第三章 维护国家安全的法定义务和权利

作而言的,而本项是一项特定义务,根据本项规定,公民和组织有直接配合和协助"国家安全机关、公安机关和有关军事机关"这些本法规定的专门国家安全机构开展国家安全工作的义务,这些义务表现为"国家安全机关、公安机关和有关军事机关"依法赋予公民和组织特定义务,接受这些特定任务的公民和组织必须要认真履行义务,公民所在的单位以及有关组织的上级领导机关应当无条件给予支持。如《反恐怖主义法》第十八条规定:电信业务经营者、互联网服务提供者应当为公安机关、国家安全机关依法进行防范、调查恐怖活动提供技术接口和解密等技术支持和协助。

六是保守所知悉的国家秘密。保守国家秘密是宪法、法律所规定的公民的基本义务。《保守国家秘密法》第五条规定:"国家秘密受法律保护。一切国家机关和武装力量、各政党和各人民团体、企业事业组织和其他社会组织以及公民都有保密的义务。"保守国家秘密与维护国家安全密切相关,本项规定强调了公民和组织在维护国家安全方面必须"保守所知悉的国家秘密",这是对公民和组织有保守国家秘密义务的具体要求。

七是法律、行政法规规定的其他义务。这是对本法第十一条第一款所规定的任何个人和组织"都有维护国家安全的责任和义务"的呼应性规定,强调了公民和组织在维护国家安全方面具有广泛的法律义务,必须以高度的责任心来认真履行各项维护国家安全的法律义务。

2.禁止性义务。

禁止性义务的法律特征是公民和组织"不得"做某种行为。本法条第二款规定了个人和组织在维护国家安全方面必须遵循下列两项禁止性义务:

一是不得有危害国家安全的行为;二是不得向危害国家安全的个人或者组织提供任何资助或者协助。

为确保公民和组织严格遵守上述"不得"做某种行为的两项禁止性义务,《国家安全法》第十三条第二款明确规定:"任何个人和组织违反本法和有关法律,不履行维护国家安全义务或者从事危害国家安全活动的,依法追究法律责任。"上述规定将公民和组织在维护国家安全方面的"义务"与"责任"紧密结合在一起,通过设定法律责任来保障公民和组织自觉地履行本条所规定的各项义务。

二、单位维护国家安全的特殊义务

（一）援引法条原文

机关、人民团体、企业事业组织和其他社会组织应当对本单位的人员进行维护国家安全的教育，动员、组织本单位的人员防范、制止危害国家安全的行为。

（本法条源自《中华人民共和国国家安全法》第七十八条。其内容是对单位维护国家安全之特殊义务作出的规定。）

（二）立法背景及相关知识

《反间谍法》第十二条规定："国家机关、人民团体、企业事业组织和其他社会组织承担本单位反间谍安全防范工作的主体责任，落实反间谍安全防范措施，对本单位的人员进行维护国家安全的教育，动员、组织本单位的人员防范、制止间谍行为。"这条规定是对1993年《国家安全法》第十五条"机关、团体和其他组织应当对本单位的人员进行维护国家安全的教育，动员、组织本单位的人员防范、制止危害国家安全的行为"这一既往规定的继承和重申。

（三）法条解读

本条规定"单位"的法律义务包括两个方面：一是应当对"本单位的人员"进行维护国家安全的教育，也就是说，对单位人员进行国家安全教育的义务应当由"本单位"来承担。二是"单位"还应当承担动员、组织"本单位的人员"防范、制止危害国家安全的行为的任务。

"本单位的人员"的法律义务包括两个方面。一是积极义务，即应当按照本单位的组织、要求进行"防范、制止危害国家安全的行为"。二是消极义务，一方面必须无条件地接受本单位所组织的国家安全教育，自觉地学习、领会和掌握国家安全方面的知识和技能；另一方面，在单位进行"动员、组织本单位的人员防范、制止危害国家安全的行为"工作时，必须主动参与，不得无故推辞。

为了提高"单位"在组织"本单位的人员"进行国家安全教育工作以及动员、组织"本单位的人员"防范、制止危害国家安全行为的工作效率和实际效果,"单位"在履行法律规定的义务时,应当接受本法规定的专门国家安全机构的协调和指导。"单位"还可以建立必要的考核奖惩制度,将"本单位的人员"履行本条所规定的法律义务的情况纳入单位绩效奖惩考核制度体系。

与1993年的《国家安全法》相比,《反间谍法》中相关规定不同的是,该法对"单位"的内涵和外延做了进一步扩充,由"机关、团体和其他组织"拓展为"机关、人民团体、企业事业组织和其他社会组织",强调了"人民团体""企业事业组织"在履行本法条所规定的"单位"义务中应当发挥的重要作用。

三、企事业组织维护国家安全的特定义务

(一)援引法条原文

企业事业组织根据国家安全工作的要求,应当配合有关部门采取相关安全措施。

(本法条源自《中华人民共和国国家安全法》第七十九条。其内容是对企事业组织维护国家安全之特定义务作出的规定。)

(二)立法背景及相关知识

《中华人民共和国国家安全法》第十一条第一款规定:"中华人民共和国公民、一切国家机关和武装力量、各政党和各人民团体、企业事业组织和其他社会组织,都有维护国家安全的责任和义务。"这是根据国家安全工作的特点,对企业事业组织提出的一项维护国家安全的特定义务。该项法律义务的主要内容就是要求企业事业组织"根据国家安全工作的要求",积极配合"有关部门"采取相关"安全措施"。

(三)法条解读

《国家安全法》中有多个条款与本条所规定的"根据国家安全工作的要

求""有关部门"和"安全措施"的含义具有紧密的联系。比如：《国家安全法》第二十五条规定："国家建设网络与信息安全保障体系，提升网络与信息安全保护能力，加强网络和信息技术的创新研究和开发应用，实现网络和信息核心技术、关键基础设施和重要领域信息系统及数据的安全可控；加强网络管理，防范、制止和依法惩治网络攻击、网络入侵、网络窃密、散布违法有害信息等网络违法犯罪行为，维护国家网络空间主权、安全和发展利益。"据此，"国家建设网络与信息安全保障体系，提升网络与信息安全保护能力"必然需要企业事业单位与政府和专门的国家安全机构相互配合、紧密合作。

首先，一般企业事业单位必须配合专门的国家安全机构对企业事业单位所建设的网络与信息安全保障系统采取必要的安全措施，防止出现安全隐患和风险，危害国家安全。如：《国家安全法》第五十三条和第五十九条的规定都涉及本条规定的企业事业组织的相关义务。第五十三条规定："开展情报信息工作，应当充分运用现代科学技术手段，加强对情报信息的鉴别、筛选、综合和研判分析。"第五十九条规定："国家建立国家安全审查和监管的制度和机制，对影响或者可能影响国家安全的外商投资、特定物项和关键技术、网络信息技术产品和服务、涉及国家安全事项的建设项目，以及其他重大事项和活动，进行国家安全审查，有效预防和化解国家安全风险。"

其次，和网络与信息安全保障相关的特殊企业事业单位更是负有在网络与信息安全保障体系建设方面与专门的国家安全机构配合、合作的特殊义务，旨在保证专门的国家安全机构具备保护网络与信息安全的整体能力。如：《国家安全法》第七十三条和第七十五条的相关规定与此项特殊义务具有紧密联系。第七十三条规定："鼓励国家安全领域科技创新，发挥科技在维护国家安全中的作用。"第七十五条规定："国家安全机关、公安机关、有关军事机关开展国家安全专门工作，可以依法采取必要手段和方式，有关部门和地方应当在职责范围内提供支持和配合。"

最后，为了保证《国家安全法》所规定的企业事业组织"根据国家安全工作的要求"，积极配合"有关部门"采取相关"安全措施"的法律义务能够在实际工作中得到有效履行，《国家安全法》还通过其他条文来促进和保障本

第三章 维护国家安全的法定义务和权利

法所规定的企业事业组织的相关法律义务的履行。比如，第十一条第一款规定："中华人民共和国公民、一切国家机关和武装力量、各政党和各人民团体、企业事业组织和其他社会组织，都有维护国家安全的责任和义务。"上述规定把"维护国家安全"作为"企业事业组织"的一般性义务，故"企业事业组织"在"根据国家安全工作的要求"，应当积极配合"有关部门"采取相关"安全措施"方面应当是无条件的。此外，第十二条又规定："国家对在维护国家安全工作中作出突出贡献的个人和组织给予表彰和奖励。"该条规定又为企业事业组织"根据国家安全工作的要求"，应当积极配合"有关部门"采取相关"安全措施"法律义务的履行提供了一种法律上的激励机制，有助于调动企业事业组织履行此项法律义务的主动性和积极性。

为落实这一规定，《反恐怖主义法》第三章专门规定了安全防范，其中第十九条规定："电信业务经营者、互联网服务提供者应当依照法律、行政法规规定，落实网络安全、信息内容监督制度和安全技术防范措施，防止含有恐怖主义、极端主义内容的信息传播；发现含有恐怖主义、极端主义内容的信息的，应当立即停止传输，保存相关记录，删除相关信息，并向公安机关或者有关部门报告。"第二十条规定："铁路、公路、水上、航空的货运和邮政、快递等物流运营单位应当实行安全查验制度，对客户身份进行查验，依照规定对运输、寄递物品进行安全检查或者开封验视。对禁止运输、寄递，存在重大安全隐患，或者客户拒绝安全查验的物品，不得运输、寄递。"第二十一条规定："电信、互联网、金融、住宿、长途客运、机动车租赁等业务经营者、服务提供者，应当对客户身份进行查验。对身份不明或者拒绝身份查验的，不得提供服务。"

国家安全法律知识简读

● **阅读链接**

◆ **主动维护国家安全**

2021年春季，正值"4·15"全民国家安全教育日活动期间，山东省某市市民陈某发现，境外非政府组织"某研究院"以开展生物物种相关调研为名在我国招募志愿者，大肆搜集各地的生物物种分布数据信息，并要求参与者下载专用手机软件，上传采集到的数据。由于多次接受国家安全相关宣传教育，陈某马上拨通12339国家安全机关举报受理电话，反映了自己发现的情况。

根据陈某提供的信息，国家安全机关对此事进行了调查。调查发现，"某研究院"系一家有某国政府背景、专门搜集世界各地生物物种信息的机构。该境外组织打着科研的名义，误导、诱使很多志愿者在不知情的情况下，非法搜集我国生物物种分布信息，并刻意绕开我国相关主管部门的监管审核，通过专用软件将搜集到的信息实时传输到境外，对我国生物安全、生态安全造成了潜在危害。国家安全机关联合相关主管部门，及时查明该活动的背景情况，开展了相应的防范处置，有效制止了我国生物物种分布数据信息的外泄。（来源：人民教育出版社《初中生国家安全教育》。作者：《初中生国家安全教育》编写组）

◆ **维护国家安全工作中"专群结合原则"的相关要求**

《国家安全法》第九条规定，维护国家安全，应当坚持专门工作与群众路线相结合，充分发挥专门机关和其他有关机关维护国家安全的职能作用，广泛动员公民和组织，防范、制止和依法惩治危害国家安全的行为。专群结合原则包含两层含义：一是专门工作与群众路线相结合。维护国家安全的专门工作，主要是指专门机关，如国家安全机关、公安机关依照职权开展的有关专业工作，包括依法搜集涉及国家安全的情报信息，依法行使行政执法和刑事执法职权，对危害国家安全的活动开展有关侦查、调查工作等。专门工作与群众路线相结合，是国家安全工作的政治优势和重要原则，是我们克敌制胜的重要法宝和鲜明特色。维护国

第三章 维护国家安全的法定义务和权利

家安全要坚持以民为本、以人为本，坚持国家安全一切为了人民、一切依靠人民，才能真正夯实国家安全的群众基础。二是专门机关与有关部门相结合。坚持专门机关与有关部门相结合，就是要充分发挥专门机关和其他有关机关维护国家安全的职能作用，形成维护国家安全的整体合力。国家安全机关、公安机关、有关军事机关等维护国家安全的专门机关要依法履行维护国家安全的职责，履行使命，开展维护国家安全的专门工作，不仅要把本领域危害国家安全的风险预警、危害评估、应急预案、紧急处置工作做好，还要依法防范、制止和惩治各种危害国家安全的活动。有关部门和地方也要切实履行本法规定的维护国家安全的职责和支持配合专门机关开展专门工作的义务和责任，做好维护国家安全工作。各机关在做好本职工作的同时，又要相互配合，形成合力，做到维护国家安全全国一盘棋。（来源：《国家安全法百问百答》。作者：中共茂名市委国安办）

第二节 关于法定权利

一、受保护的权利

（一）援引法条原文

公民和组织支持、协助国家安全工作的行为受法律保护。

因支持、协助国家安全工作，本人或者其近亲属的人身安全面临危险的，可以向公安机关、国家安全机关请求予以保护。公安机关、国家安全机关应当会同有关部门依法采取保护措施。

（本法条源自《中华人民共和国国家安全法》第八十条。其内容是对于公民、组织履行维护国家安全义务受法律保护之权利的规定。）

（二）立法背景及相关知识

对支持、协助国家安全工作的人员采取人身安全保护是各国通行的做法。从世界各国立法实践看，很多国家都在法律中明确国家对支持、协助国家安全工作的人员负有保护责任，并明确有关保护措施，以便充分调动全民维护国家安全的积极性。比如，美国《中央情报局条例》规定：为了国家安全利益或由于国家情报使命，中央情报局有权决定特殊的外国人及其直系亲属进入美国永久居住，而不考虑移民法或者其他法律限制。美国《情报人员身份保护法》规定：美国政府保护从事机密情报工作的官员、行为人、提供情报人员和提供消息来源人员的人身安全。俄罗斯联邦《对外情报法》规定：为了保护向俄罗斯联邦对外情报机关提供或曾经提供过秘密协助的人员和家属的安全，在不违反俄罗斯联邦法律和不侵犯他人合法权益的情况下，可以采取保护性措施。对因情报活动在境外被监禁、逮捕或判刑的情报工作人员及其家人，国家有义务无条件全力解救。秘密协助或协助过对外情报机构的非俄罗斯公民，可以申请取得俄罗斯联邦公民的资格。已经取得公民资格的人，

第三章 维护国家安全的法定义务和权利

同对外情报机构合作的时间计入工龄，执行与对外情报机构工作人员相同的补助金、获得境外营救等社会保障。俄罗斯《联邦安全总局条例》规定：俄罗斯联邦安全总局在职权范围内，参与解决对有关人员给予或取消俄罗斯联邦国籍、俄罗斯联邦公民出境、外国公民和无国籍者入境、为其办理在俄罗斯联邦暂住许可和居留证、给予其在俄罗斯联邦政治避难和在俄罗斯联邦境内居住权的有关事项。

（三）法条解读

1.公民和组织支持、协助国家安全工作的行为受法律保护。

我国是人民当家作主的社会主义国家。维护国家安全要坚持一切为了人民、一切依靠人民。开展国家安全工作，不仅要靠国家机关依法履行职责，也要充分发挥全社会维护国家安全的积极性，鼓励和保护公民和组织对国家安全工作给予必要的支持和协助。具体来说，本条规定的"公民和组织支持、协助国家安全工作"，主要包括以下两类情形。

一是根据本法的规定，履行支持、协助国家安全的义务。包括及时报告危害国家安全活动的线索，如实提供所知悉的涉及危害国家安全活动的证据，为国家安全工作提供便利条件或者其他协助，向国家安全机关、公安机关和有关军事机关提供有关数据信息、技术支持和协助，以及对国家安全专门工作依法采取必要手段和方式的支持配合等。

二是根据其他法律的规定，履行支持、协助国家安全的义务。例如，根据《中华人民共和国人民警察法》（以下简称《人民警察法》），对人民警察依法执行职务给予支持和协助；根据《反间谍法》，为反间谍工作提供便利或者其他协助，及时向国家安全机关报告间谍行为，如实提供有关间谍行为的情况、证据等；根据《中华人民共和国人民武装警察法》（以下简称《人民武装警察法》），对人民武装警察部队执行安全保卫任务给予必要的支持和协助；根据《中华人民共和国国防动员法》（以下简称《国防动员法》），接受依法征用用于社会生产、服务和生活的设施、设备、场所、物资等民用资源；根据《反恐怖主义法》，协助、配合有关部门开展反恐怖主义工作，发现恐怖活动嫌疑或者恐怖活动嫌疑人员时及时向公安机关或者有关部门报告；等等。

2.公安机关、国家安全机关会同有关部门依法对有关人员采取保护措施。

本条第二款规定了公民向公安机关、国家安全机关请求予以保护和公安机关、国家安全机关会同有关部门采取保护措施的要求。

第一，公民因支持、协助国家安全工作，本人或者其近亲属的人身安全面临危险的，可以向公安机关、国家安全机关请求予以保护。对支持、协助国家安全工作的公民予以人身保护，不仅体现了一切为了人民、一切依靠人民，而且体现了维护国家安全坚持尊重和保障人权的原则，体现了公民在维护国家安全中权利和义务的一致性，有利于保护公民支持、协助国家安全工作的积极性，构筑坚不可摧的人民防线，形成全社会共同维护国家安全的良好局面。本条第二款中的"人身安全面临危险"，主要是指公民或者其近亲属因支持、协助国家安全工作，面临被胁迫、被威胁，或者面临打击报复，或者在境外人身自由和基本权利受到威胁等现实的危险。关于近亲属的范围，按照《中华人民共和国刑事诉讼法》第一百零六条规定，是指夫、妻、父、母、子、女、同胞兄弟姊妹。维护国家安全的过程中，有些工作政治性、对抗性很强，特别是危害国家安全的犯罪往往性质恶劣、组织性强，公民支持、协助国家安全工作，往往成为发现、防范、制止和惩治危害国家安全活动的重要渠道和突破口，公民本人及其近亲属，容易成为有关敌对势力、敌对分子威胁、恐吓、打击报复的对象，人身安全处于危险状态。有关公民支持、协助国家安全工作，发现本人或近亲属的人身安全面临威胁时，要及时采取自我保护和避险措施，并及时向公安机关、国家安全机关请求予以保护。

第二，公安机关、国家安全机关应当会同有关部门依法采取保护措施。公民依法向公安机关、国家安全机关请求对其或其近亲属的人身安全予以保护的，公安机关、国家安全机关要迅速开展审查甄别，根据公民人身安全现实危险的实际情况，具体掌握是否有必要采取特别保护措施、采取哪些特别保护措施，符合法律规定应予保护的，要及时采取一项或多项保护措施。具体的保护措施，一般包括：一是在国家安全工作中，不公开有关公民的真实姓名、住址和工作单位等个人信息，对这些个人信息采取适当的保密措施，包括在有关工作记录、法律文书中使用化名以替代有关公民真实的个人信息等。使用化名替代的，要对载有有关公民真实身份信息的材料标明密级，严格保密，妥善管理。二是有关公民需要作为证人出庭做证的，要采取不暴露其外貌、真实声音的相关技术措施，使有关公民的外貌、声音等不暴露给被告人和旁听人员等。三是根据具体情况，确有必要时，对有关公民采取一定的人身安全保护措施，禁止可能对其实施打击报复的特定人员在一定期间、一定范围内接触有关公民。四是视情对有关公民的人身和住宅采取专门性保护措施，保护人身和住宅的安全。五是在极特殊的情况下，根据国家安全工作的需要，可以为有关公民更换住宅、姓名等。六是根据公民面临人身安全危险的实际程度、具体情况和有关客观条件，采取其他必要的保护措施。

此外，对于反恐怖等比较特殊的领域，有关法律专门明确了具体的保护措施。《反恐怖主义法》不仅明确了对个人的保护措施，同时明确了对单位的保护措施，规定因报告和制止恐怖活动，在恐怖活动犯罪案件中做证，或者从事反恐怖主义工作，本人或者其近亲属的人身安全面临危险的，经本人或者其近亲属提出申请，公安机关、有关部门应当采取下列一项或者多项保护措施：一是不公开真实姓名、住址和工作单位等个人信息；二是禁止特定的人接触被保护人员；三是对人身和住宅采取专门性保护措施；四是变更被保护人员的姓名，重新安排住所和工作单位；五是其他必要的保护措施。同时规定，公安机关、有关部门应当采取不公开被保护单位的真实名称、地址，禁止特定的人接近被保护单位，对被保护单位办公、经营场所采取专门性保护措施，以及其他必要的保护措施。

考虑到公安机关、国家安全机关对符合本条规定的公民依法采取保护措施，具体情况千差万别，比较复杂，有时需要动用国家资源和力量，需要其他有关部门给予支持配合，本条规定：公安机关、国家安全机关应当会同有关部门，依法采取保护措施。公安机关、国家安全机关要根据维护国家安全和保护公民人身安全不受威胁的需要和实际情况，明确需要有关部门予以支持配合的事项，有关部门应当在本部门职责范围内，积极予以支持配合，共同落实保障相关公民人身安全的具体措施。

二、受补偿和优抚的权利

（一）援引法条原文

公民和组织因支持、协助国家安全工作导致财产损失的，按照国家有关规定给予补偿；造成人身伤害或者死亡的，按照国家有关规定给予抚恤优待。

（本法条源自《中华人民共和国国家安全法》第八十一条。其内容是对于公民、组织履行维护国家安全义务享有补偿和优抚权利的规定。）

（二）立法背景及相关知识

本条规定之目的，是对个人和组织积极履行维护国家安全义务的行为给予法律上的有效保障。本条分两个层次规定了积极履行维护国家安全义务的行为应当得到法律上有效保障的措施：一是对经济损失给予相应补偿。这体现了我国《宪法》规定的对公民合法私有财产保护的原则；二是对人身伤害或死亡，给予抚恤优待。这体现了法律上的公平和公正待遇原则，也是《宪法》规定的公民获得物质帮助权的体现。

（三）法条解读

1.公民和组织因支持、协助国家安全工作导致财产损失的，按照国家有关规定给予补偿。

我国《宪法》第十三条规定：公民的合法的私有财产不受侵犯。在现代国家，财产权是公民享有的一项基本权利。财产权与其他公民基本权利相比，更具有基础性。这是因为，财产是公民实现个人自治、保持个人尊严以及实现自身发展的必要条件。没有财产权，或者财产得不到保护，个人就很容易受制于他人，处于服从、被强制状态，很难保持独立的人格和尊严。可以说，财产权是其他一切自由和权利的物质基础。各国宪法都将财产权的保护作为一项基本原则。与此同时，《宪法》也规定：国家为了公共利益的需要，可以依照法律规定对公民的私有财产实行征收或者征用并给予补偿。征收和征用是两个不同的法律概念，征收，是指为了公共利益需要，国家将私人所有的财产强制地征归国有。征用，是指为了公共利益需要而强制性地使用公民的

第三章 维护国家安全的法定义务和权利

私有财产。从国家机关的角度，对公民的私有财产实行征收和征用，应当遵循三个原则。第一，公共利益原则。公共利益通常是指全体社会成员的共同利益和社会的整体利益，这要同商业利益相区别，同部门、单位和小集体的利益相区别。第二，法定程序原则。征收、征用在一定程度上限制了公民的私有财产权，为了防止这种手段的滥用，平衡私有财产保护和公共利益需要的关系，征收征用必须严格依照法律规定的程序进行。第三，依法给予补偿原则。尽管征收和征用是为了公共利益的需要，但都不能采取无偿剥夺的方式，必须依法给予补偿。

本条是从公民权利的角度出发，进一步明确规定了公民和组织因支持、协助国家安全工作导致财产损失的，有按照国家有关规定获得补偿的权利。就此，涉及国家许多领域的其他法律，也都作了相关具体规定。例如，《国防动员法》第五十八条规定："被征用的民用资源使用完毕，县级以上地方人民政府应当及时组织返还；经过改造的，应当恢复原使用功能后返还；不能修复或者灭失的，以及因征用造成直接经济损失的，按照国家有关规定给予补偿。"《人民武装警察法》第二十五条规定："人民武装警察因执行任务的需要，在紧急情况下，经现场指挥员出示人民武装警察证件，可以优先使用或者依法征用个人和组织的设备、设施、场地、建筑物、交通工具以及其他物资、器材，任务完成后应当及时归还或者恢复原状，并按照国家有关规定支付费用；造成损失的，按照国家有关规定给予补偿。"《中华人民共和国传染病防治法》第四十五条规定："传染病暴发、流行时，根据传染病疫情控制的需要，国务院有权在全国范围或者跨省、自治区、直辖市范围内，县级以上地方人民政府有权在本行政区域内紧急调集人员或者调用储备物资，临时征用房屋、交通工具以及相关设施、设备。""紧急调集人员的，应当按照规定给予合理报酬。临时征用房屋、交通工具以及相关设施、设备的，应当依法给予补偿；能返还的，应当及时返还。"《反间谍法》第四十四条规定："国家安全机关因反间谍工作需要，按照国家有关规定，可以优先使用或者依法征用机关、人民团体、企业事业组织和其他社会组织以及个人的交通工具、通信工具、场地和建筑物等，必要时可以设置相关工作场所和设施设备，任务

155

完成后应当及时归还或者恢复原状，并依照规定支付相应费用；造成损失的，应当给予补偿。"《反恐怖主义法》第七十八条规定："公安机关、国家安全机关、中国人民解放军、中国人民武装警察部队因履行反恐怖主义职责的紧急需要，根据国家有关规定，可以征用单位和个人的财产。任务完成后应当及时归还或者恢复原状，并依照规定支付相应费用；造成损失的，应当补偿。""因开展反恐怖主义工作对有关单位和个人的合法权益造成损害的，应当依法给予赔偿、补偿。有关单位和个人有权依法请求赔偿、补偿。"

2.公民和组织因支持、协助国家安全工作造成人身伤害或者死亡的，按照国家有关规定给予抚恤优待。

对于从事国家安全相关工作的国家机关工作人员和军人的抚恤优待，我国法律作了明确规定。例如，《人民警察法》第四十一条规定："人民警察因公致残的，与因公致残的现役军人享受国家同样的抚恤和优待。人民警察因公牺牲或者病故的，其家属与因公牺牲或者病故的现役军人家属享受国家同样的抚恤和优待。"《中华人民共和国公务员法》第八十三条第二款规定："公务员因公牺牲或者病故的，其亲属享受国家规定的抚恤和优待。"《国防法》规定："国家和社会抚恤优待残疾军人，对残疾军人的生活和医疗依法给予特别保障。""国家和社会优待军人家属，抚恤优待烈士家属和因公牺牲、病故军人的家属。""民兵、预备役人员和其他人员依法参加军事训练，担负战备勤务、防卫作战、非战争军事行动等任务时，应当履行自己的职责和义务；国家和社会保障其享有相应的待遇，按照有关规定对其实行抚恤优待。"《人民武装警察法》第三十八条规定："人民武装警察因执行任务牺牲、伤残的，按照国家有关军人抚恤优待的规定给予抚恤优待。"《人民警察抚恤优待办法》对于公安机关（含铁路、交通、民航、森林公安机关和海关缉私部门）、国家安全机关、司法行政机关的人民警察和人民法院、人民检察院的司法警察的抚恤优待进一步作了具体规定。《军人抚恤优待条例》对于中国人民解放军现役军人、服现役或者退出现役的残疾军人以及复员军人、退伍军人、烈士遗属、因公牺牲军人遗属、病故军人遗属、现役军人家属的抚恤优待作了具体规定。因参战伤亡的民兵、民工的抚恤，因参加军事演习、军事训练和执行

第三章　维护国家安全的法定义务和权利

军事勤务伤亡的预备役人员、民兵、民工以及其他人员的抚恤，参照《军人抚恤优待条例》的有关规定办理。

除了上述人员，涉及国家安全某些领域的法律也对一般公民因支持、协助相关工作造成人身伤害或者死亡的抚恤优待作了规定。例如，《人民警察法》第三十四条第二款规定："公民和组织因协助人民警察执行职务，造成人身伤亡或者财产损失的，应当按照国家有关规定给予抚恤或者补偿。"《人民武装警察法》第三十九条规定："公民、法人和其他组织协助人民武装警察部队执行任务牺牲、伤残或者遭受财产损失的，按照国家有关规定给予抚恤优待或者相应补偿。"《国防动员法》第五十三条规定担负国防勤务的人员"因执行国防勤务伤亡的，由当地县级人民政府依照《军人抚恤优待条例》等有关规定给予抚恤优待"。《突发事件应对法》第六十一条规定："县级以上人民政府对在应急救援工作中伤亡的人员依法给予抚恤。"《中华人民共和国消防法》第五十条规定："对因参加扑救火灾或者应急救援受伤、致残或者死亡的人员，按照国家有关规定给予医疗、抚恤。"

上述法律规定主要都是针对某一个特定的国家安全领域的情形。本条规定进一步明确：只要是公民和组织因支持、协助国家安全工作造成人身伤害或者死亡的，都应当按照国家有关规定给予抚恤优待。根据2019年修订的《伤残抚恤管理办法》，为维护社会治安同违法犯罪分子进行斗争致残的人员，为抢救和保护国家财产、人民生命财产致残的人员，法律、行政法规规定应当由退役军人事务部门负责伤残抚恤的其他人员，都依据《伤残抚恤管理办法》进行抚恤。伤残人员从被批准残疾等级评定后的下一个月起，由户籍地县级人民政府退役军人事务部门按照规定予以抚恤。根据《中华人民共和国个人所得税法》，抚恤金免交个人所得税。

此外，《烈士褒扬条例》规定，公民牺牲符合下列情形之一的，评定为烈士：（1）在依法查处违法犯罪行为、执行国家安全工作任务、执行反恐怖任务和处置突发事件中牺牲的；（2）抢险救灾或者其他为了抢救、保护国家财产、集体财产、公民生命财产牺牲的；（3）在执行外交任务或者国家派遣的对外援助、维持国际和平任务中牺牲的；（4）在执行武器装备科研试验任务中牺牲的;(5)其他牺牲情节特别突出,堪为楷模的。公民被评定为烈士的,依照条例的规定予以褒扬。烈士的遗属,依照条例的规定享受抚恤优待。按照《烈士褒扬条例》规定,烈士遗属享受相应的医疗优惠待遇。烈士的子女符合公务员考录条件的,在同等条件下优先录用为公务员。烈士子女接受学前教育和义务教育的,应当按照国家有关规定予以优待。在公办幼儿园接受学前教育的,免交保教费。烈士子女报考普通高中、中等职业学校、高等学校研究生的,在同等条件下优先录取;报考高等学校本、专科的,可以按照国家有关规定降低分数要求投档;在公办学校就读的,免交学费、杂费,并享受国家规定的各项助学政策。烈士遗属符合就业条件的,由当地人民政府人力资源和社会保障部门优先提供就业服务。烈士遗属已经就业,用人单位经济性裁员时,应当优先留用。烈士遗属从事个体经营的,市场监督管理、税务等部门应当优先办理证照,烈士遗属在经营期间享受国家和当地人民政府规定的优惠政策。符合住房保障条件的烈士遗属承租廉租住房、购买经济适用住房的,县级以上地方人民政府有关部门应当给予优先、优惠照顾。家住农村的烈士遗属住房有困难的,由当地人民政府帮助解决。

● **阅读链接**

◆ **国家安全工作中的哪些个人和组织应予以表彰和奖励?**

《国家安全法》第十二条规定,国家对在维护国家安全工作中作出突出贡献的个人和组织给予表彰和奖励。据此,表彰和奖励的对象是"在维护国家安全工作中作出突出贡献的个人和组织"。维护国家安全,是一国公民、组织的光荣使命,也是义不容辞的法定义务。维护国家安全工作,指的不仅仅是国家安全机关所从事的特定工作,每个个人、组织都会不同程度上涉及与国家安全相关的事务,因此,维护国家安全要坚持专门工作与群众路线相结合,充分发挥专门机关和其他有关机关维护国家安全的职能作用,广泛动员公民和组织,防范、制止和依法惩治危害

第三章 维护国家安全的法定义务和权利

国家安全的行为。从个人、组织的角度来说，应当积极主动地参与维护国家安全的工作，作出自己的贡献。所谓"突出贡献"，是指做出了明显高于常人的、超越一般的成就，其行为可以作为正面榜样予以树立以激励他人，能够产生较大的社会影响。国家根据其贡献的大小给予不同的荣誉或者财物方面表彰、奖励，以示鼓励。（来源：《国家安全法百问百答》。作者：中共茂名市委国安办）

第四章
公民维护国家安全必读法律法规选录

  国家安全法律制度是中国特色社会主义法治体系的重要组成部分，是维护国家安全利益的基础性保障。党的十八大以来，以习近平同志为核心的党中央高度重视国家安全法治建设工作，对构建国家安全法律体系作出了制度安排，对国家安全法律体系建设提出了明确要求，提供了具体遵循。这些年来，国家加快了安全领域立法步伐，相继出台了一系列涉及国家安全重要领域的法律法规。目前，我国基本上形成了以《国家安全法》为龙头、以重点单行法为支撑、以多领域制度规范来落实、同步发展的立法体系，基本形成了立足我国国情、体现时代特点、适应我国所处战略安全环境、内容协调、程序严密、配套完备、运行有效的中国特色国家安全法律体系。

  本章分两节，着重介绍现行国家安全法律法规名录和6部涉及国家安全之专门性法律的主要内容。

第一节
现行国家安全主要法律法规名录

1. 中华人民共和国宪法（2018年3月11日修正）
2. 中华人民共和国国家安全法（2015年7月1日）
3. 中华人民共和国香港特别行政区维护国家安全法（2020年6月30日）
4. 中华人民共和国国旗法（2020年10月17日修正）
5. 中华人民共和国国徽法（2020年10月17日修正）
6. 中华人民共和国国歌法（2017年9月1日）
7. 反分裂国家法（2005年3月14日）
8. 中华人民共和国反恐怖主义法（2018年4月27日修正）
9. 中华人民共和国反间谍法（2023年4月26日修订）
10. 中华人民共和国反间谍法实施细则（2017年11月22日）
11. 反间谍安全防范工作规定（2021年4月26日）
12. 中华人民共和国国防法（2020年12月26日修订）
13. 中华人民共和国国防动员法（2010年2月26日）
14. 中华人民共和国国防教育法（2018年4月27日修正）
15. 中华人民共和国军事设施保护法（2021年6月10日修订）
16. 中华人民共和国陆地国界法（2021年10月23日）
17. 中华人民共和国领海及毗连区法（1992年2月25日）
18. 中华人民共和国专属经济区和大陆架法（1998年6月26日）
19. 中华人民共和国民用航空法（2021年4月29日修正）
20. 通用航空飞行管制条例（2003年1月10日）
21. 中华人民共和国人民武装警察法（2020年6月20日修订）
22. 中华人民共和国海警法（2021年1月22日）
23. 中华人民共和国英雄烈士保护法（2018年4月27日）
24. 宗教事务条例（2017年8月26日）

第四章 公民维护国家安全必读法律法规选录

25. 宗教教职人员管理办法（2021年1月18日）

26. 中华人民共和国国家情报法（2018年4月27日修正）

27. 中华人民共和国保守国家秘密法（2024年2月27日修订）

28. 中华人民共和国保守国家秘密法实施条例（2014年1月17日）

29. 科学技术保密规定（2015年11月16日）

30. 中华人民共和国密码法（2019年10月26日）

31. 最高人民法院关于审理为境外窃取、刺探、收买、非法提供国家秘密、情报案件具体应用法律若干问题的解释（2001年1月17日）

32. 中华人民共和国出境入境管理法（2012年6月30日）

33. 外商投资安全审查办法（2020年12月19日）

34. 中华人民共和国出口管制法（2020年10月17日）

35. 中华人民共和国技术进出口管理条例（2020年11月29日修订）

36. 中华人民共和国境外非政府组织境内活动管理法（2017年11月4日修正）

37. 中华人民共和国反外国制裁法（2021年6月10日）

38. 阻断外国法律与措施不当域外适用办法（2021年1月9日）

39. 中华人民共和国环境保护法（2014年4月24日修订）

40. 中华人民共和国核安全法（2017年9月1日）

41. 中华人民共和国生物安全法（2020年10月17日）

42. 中华人民共和国网络安全法（2016年11月7日）

43. 网络安全审查办法（2021年12月28日）

44. 中华人民共和国数据安全法（2021年6月10日）

45. 中华人民共和国个人信息保护法（2021年8月20日）

46. 关键信息基础设施安全保护条例（2021年7月30日）

47. 中华人民共和国测绘法（2017年4月27日修订）

48. 中华人民共和国反垄断法（2007年8月30日）

49. 中华人民共和国反洗钱法（2006年10月31日）

50. 防范和处置非法集资条例（2021年1月26日）

51. 中华人民共和国反食品浪费法（2021年4月29日）

52. 中华人民共和国种子法（2021年12月24日修正）

53. 粮食流通管理条例（2021年2月15日修订）

54. 中华人民共和国邮政法（2015年4月24日修正）

55. 快递暂行条例（2019年3月2日修订）

56. 邮政业寄递安全监督管理办法（2020年1月2日）

57. 中华人民共和国突发事件应对法（2007年8月30日）

58. 中华人民共和国集会游行示威法（2009年8月27日修正）

59. 中华人民共和国戒严法（1996年3月1日）

60. 中华人民共和国刑法（2020年12月26日修正）

第二节
《中华人民共和国反间谍法》重点内容解读

我国的第一部反间谍法于2014年11月颁布实施。随着国家安全形势的不断变化，为了更好地贯彻落实党的二十大精神和党中央为加强反间谍工作的一系列重要决策部署，以法治方式保障并加强反间谍工作，提高专门机关的反间谍工作能力，增强全民国家安全意识和素养，以应对急剧变化的国家安全形势，坚决捍卫国家主权、安全和发展利益，统筹好发展和安全、开放与安全、传统安全与非传统安全、维护国家安全和塑造国家安全，以新安全格局保障新发展格局，2023年4月，第十四届全国人大常委会第二次会议高票通过了对第一部反间谍法的修订草案，修订后的《中华人民共和国反间谍法》自2023年7月1日起施行。

《中华人民共和国反间谍法》（以下简称《反间谍法》）设置了总则、安全防范、调查处置、保障与监督、法律责任以及附则，共六章七十一条规定。

一、明确规定了反间谍工作的基本原则

《反间谍法》规定的基本原则统领该部法律中的各项具体规定。该法第二条规定："反间谍工作坚持党中央集中统一领导，坚持总体国家安全观，坚持公开工作与秘密工作相结合、专门工作与群众路线相结合，坚持积极防御、依法惩治、标本兼治，筑牢国家安全人民防线。"其中，将反间谍工作明确为中央事权，由党中央集中统一领导，坚持总体国家安全观[1]，是反间谍工作的根本原则，而公密结合、专群结合、积极防御、依法惩治、标本兼治、人民防线六个原则是在反间谍工作中应坚持的具体原则。坚持党中央的集中统一领导，本质上就是坚持党的领导。中国共产党的领导是中国特色反间谍斗争

---

[1] 参见《国家安全法律知识读本：注解版》，中国法制出版社2018年版，第194页。

最本质的要求。此外,《反间谍法》还对反间谍工作应当遵守的法治原则和人权保障原则给予了充分肯定。该法第三条明确规定:"反间谍工作应当依法进行,尊重和保障人权,保障个人和组织的合法权益。"

二、明确规定了国家建立反间谍工作协调机制

《反间谍法》第五条规定:"国家建立反间谍工作协调机制,统筹协调反间谍工作中的重大事项,研究、解决反间谍工作中的重大问题。"反间谍工作是国家安全工作的重要组成部分。根据该条规定,一是要建立国家层面的机制,使其在反间谍工作中发挥总揽全局、协调各方的作用,始终坚持中国共产党对反间谍工作的领导,坚持党中央集中统一领导。二是统筹协调反间谍工作中的重大事项,是反间谍工作协调机制的一项重要内容。所谓"重大事项",一般是指超出自身职权范围,或者虽在自身职责范围内,但关乎全局、影响广泛的重要事情和重要情况。三是研究、解决反间谍工作中的重大问题,是反间谍工作协调机制的另一项重要内容。"重要问题"与"重大事项"相比,相对具体,属于反间谍工作中的具体事项,但属于关乎全局或关乎重要领域的事项或者重要情况,或是涉及重要制度建设方面的情况和问题,或是有关部门、单位认为事项重要,仅靠单一部门无法有效研究、解决的问题。

三、明确规定了国家安全机关的主管职责

早在1983年组建中华人民共和国国家安全部时,中央即明确国家安全部负责反间谍工作,是反间谍工作的主管机关。《反间谍法》从法律层面对此作了进一步的明确,该法第六条规定"国家安全机关是反间谍工作的主管机关"。这一规定对国家安全机关在反间谍工作领域中已形成的制度机制以及在反间谍工作中的主导地位作了充分肯定,保证了反间谍工作的有序化和法治化[1]。

---

[1] 参见莫纪宏,《反间谍工作的重要法律武器》,载《人民日报》2014年11月26日,第14版。

此外，考虑到反间谍工作需要多部门的协助配合，《反间谍法》规定："公安、保密等有关部门和军队有关部门按照职责分工，密切配合，加强协调，依法做好有关工作。"

四、明确规定了国家安全机关及其工作人员的职权

1983年全国人民代表大会常务委员会通过《关于国家安全机关行使公安机关的侦查、拘留、预审和执行逮捕的职权的决定》，明确了国家安全机关的宪法地位，赋予了国家安全机关相应职权。1994年国务院出台的行政法规《中华人民共和国国家安全法实施细则》规定了国家安全机关开展反间谍工作需要采取的一些措施，《反间谍法》将之上升为法律规定，并增加了一些措施规定。

《反间谍法》规定了国家安全机关在反间谍工作中的职权。（1）刑事执法权，包括立案、侦查、拘留、预审和执行逮捕以及法律规定的其他职权。（2）优先使用或者依法征用机关、团体、企业事业组织和个人的交通工具、通信工具、场地和建筑物，必要时可以设置相关工作场所和设备、设施。（3）技术侦察措施。（4）查验电子通信工具、器材等设备、设施，以及对上述设备设施予以查封、扣押。（5）有关人员和资料、器材的免检。（6）对用于间谍行为的工具和其他财物，以及用于资助间谍行为的资金、场所、物资，依法查封、扣押、冻结。（7）制定反间谍技术防范标准，进行反间谍技术防范检查和检测。（8）限期出境、遣送出境、驱逐出境、不准出入境。（9）对涉嫌间谍行为的网络信息、网络攻击，依法及时通报有关部门处置或责令电信业务经营者、互联网服务提供者采取修复漏洞、加固防护、停止传输、消除程序、暂停服务、下架应用、关闭网站等措施。（10）对涉案财物实施追缴、没收等。

国家安全机关工作人员在执行反间谍工作任务时，可依法行使以下职权：（1）采取查验身份、查阅、调取、传唤、检查、查询、查封、扣押、冻结等措施。（2）进入有关场所、单位，查阅、调取有关档案、资料、物品。（3）优

先通行。

五、明确规定了公民的义务和权利

《反间谍法》总则第七条第一、二款规定:"中华人民共和国公民有维护国家的安全、荣誉和利益的义务,不得有危害国家的安全、荣誉和利益的行为。一切国家机关和武装力量、各政党和各人民团体、企业事业组织和其他社会组织,都有防范、制止间谍行为,维护国家安全的义务。"《反间谍法》分别在第二、三章中,对公民和组织的义务作了更为具体、明确的规定,包括为反间谍工作提供便利或其他协助的义务;发现间谍行为及时报告的义务;如实提供、不得拒绝国家安全机关调查的义务;保守所知悉的反间谍工作国家秘密的义务;不得非法持有属于国家秘密的文件、数据、资料和物品的义务;不得非法持有、使用专用间谍器材的义务;等等。同时,该法对国家机关、人民团体、企业事业单位和其他社会组织单独作出了对本单位人员进行维护国家安全的教育,动员、组织本单位人员防范、制止间谍行为的义务。该法在规定公民、组织义务的同时,也规定了公民、组织的权利,如对国家安全机关及其工作人员超越职权、滥用职权和其他违法行为,有检举、控告权和处理结果知情权。个人和组织对举报间谍行为或在反间谍工作中作出重大贡献的,依法接受表彰和奖励的权利;因支持、协助反间谍工作导致财产损失时的依法补偿权。个人因支持、协助反间谍工作,本人或者其近亲属的人身安全面临危险时的请求保护权;作出贡献时的接受安置权;导致伤残或牺牲时的抚恤优待权;等等。

六、明确规定了法律责任

明确法律责任是《反间谍法》的重要内容。《反间谍法》第五章第五十三条规定:"实施间谍行为,构成犯罪的,依法追究刑事责任。"这一条规定体现的是法律面前人人平等。任何组织、个人只要从事了间谍行为都必须受到法律的追究，构成犯罪的，就要依法追究刑事责任。《反间谍法》第五章对于个人、组织包括国家机关、人民团体、企业事业单位和其他社会组织所有不履行法定义务，实施违反法律规定的各种行为均作出了具体明确的处罚规定。包括：故意为他人实施间谍行为提供各种各类支持、协助的；未按照本法规定履行反间谍安全防范义务的；泄露反间谍工作有关秘密的；明知他人有间谍犯罪行为拒绝提供证据的；故意阻碍国安机关依法执行任务的；隐藏、转移、变卖、损毁国安机关依法查封、扣押、冻结财物的；故意窝藏、转移、收购、代售和掩饰、隐瞒间谍行为涉案财物的；对依法支持、协助国安机关工作的个人和组织进行打击报复的；非法获取、持有属于国家秘密的文件、数据、资料、物品，以及非法生产、销售、持有、使用专用间谍器材的；等等。同时，《反间谍法》第六十九条还明确规定："国家安全机关工作人员滥用职权、玩忽职守、徇私舞弊，或者有非法拘禁、刑讯逼供、暴力取证、违反规定泄露国家秘密、工作秘密、商业秘密和个人隐私、个人信息等行为，依法予以处分，构成犯罪的，依法追究刑事责任。"

七、对间谍行为作出了明确的法律认定

《反间谍法》总则第四条规定了六类间谍行为：（1）间谍组织及其代理人实施或者指使、资助他人实施，或者境内外机构、组织、个人与其相勾结实施的危害中华人民共和国国家安全的活动；（2）参加间谍组织或者接受间谍组织及其代理人的任务，或者投靠间谍组织及其代理人；（3）间谍组织及其代理人以外的其他境外机构、组织、个人实施或者指使、资助他人实施，或者境内机构、组织、个人与其相勾结实施的窃取、刺探、收买、非法提供国家秘密、情报以及其他关系国家安全和利益的文件、数据、资料、物品，或者策动、引诱、胁迫、收买国家工作人员叛变的活动；（4）间谍组织及其代理人实施或者指使、资助他人实施，或者境内外机构、组织、个人与其相勾结实施针对国家机关、涉密单位或者关键信息基础设施等的网络攻击、侵入、干扰、控制、破坏等活动；（5）为敌人指示攻击目标；（6）进行其他间谍活动。

这一规定扩大了我国《刑法》对间谍行为种类、方式和范围的定义，是应对新形势下反间谍工作出现的新情况、新问题而作出的必要补充和完善。[①]

八、规定了特殊的刑事政策

《反间谍法》第五十五条还作出了特殊刑事政策规定，从而给反间谍斗争以强有力的法律支持和保障。（1）"实施间谍行为，有自首或者立功表现的，可以从轻、减轻或者免除处罚；有重大立功表现的，给予奖励。"（2）"在境外受胁迫或者受诱骗参加间谍组织、敌对组织，从事危害中华人民共和国国家安全的活动，及时向中华人民共和国驻外机构如实说明情况，或者入境后直接或者通过所在单位及时向国家安全机关如实说明情况，并有悔改表现的，可以不予追究。"这两款规定，充分考虑了反间谍斗争的特殊情况，有利于教育挽救在特定环境下失足犯罪的人员，也有利于深化反间谍斗争，提高反间谍斗争的能力和水平。

[①]参见《反间谍法：推动总体国家安全观的法治化》，载《保密工作》2014年第12期。

第三节
《中华人民共和国国家情报法》重点内容解读

2017年6月27日，第十二届全国人大常委会第二十八次会议审议通过《中华人民共和国国家情报法》（以下简称《国家情报法》）。2018年4月27日，第十三届全国人大常委会第二次会议通过《关于修改〈中华人民共和国国境卫生检疫法〉等六部法律的决定》，对《国家情报法》的部分内容进行了修改。该法旨在加强和保障国家情报工作，维护国家安全和利益，首次从法律层面规范了国家情报工作，共包含总则、国家情报工作机构职权、国家情报工作保障、法律责任、附则等五章三十二条。有学者将《国家情报法》的条款整理制作了表格（见表1），对我们理解《国家情报法》的重点内容具有参考意义。

表1 《国家情报法》具体内容及条款分类统计[①]

章名	具体内容	条款分布	条款数量/条
第一章　总则	制定目的	第1条	1
	情报工作作用	第2条	1
	国家情报体制	第3条	1
	国家情报工作坚持的原则	第4条	1
	各单位及公民的责任	第5—7条	3
	人民的权益	第8—9条	2
第二章　国家情报工作机构职权	境内外职权	第10—11条	2
	与有关部门及个人合作	第12—14条	3
	经批准后可获得职权	第15—18条	4

[①] 参见邓灵斌，《〈国家情报法〉解读——基于"总体国家安全观"视角的思考》，载《图书馆》2018年第8期。

续表

章名	具体内容	条款分布	条款数量/条
第三章 国家情报工作保障	情报工作要依法办事("6不准")	第19条	1
	国家对情报工作的保障	第20—25条	6
	国家对情报工作的监督审查制度	第26—27条	2
第四章 法律责任	阻碍或冒充国家情报工作人员开展情报工作	第28、30条	2
	泄露国家情报工作秘密	第29条	1
	国家情报工作机构及其工作人员的违法违纪行为处罚	第31条	1
第五章 附则	《国家情报法》正式生效时间	第32条	1
总计			32

一、明确了情报工作的指导思想和基本原则

《国家情报法》第二条规定了国家情报工作的指导思想及其功能作用："国家情报工作坚持总体国家安全观，为国家重大决策提供情报参考，为防范和化解危害国家安全的风险提供情报支持，维护国家政权、主权、统一和领土完整、人民福祉、经济社会可持续发展和国家其他重大利益。"

《国家情报法》第四条规定了情报工作应坚持的三项原则：（1）坚持公开工作与秘密工作相结合；（2）坚持专门工作与群众路线相结合；（3）坚持分工负责与协作配合相结合。以上三个原则是对情报工作规律和实践的总结，是情报工作特殊性所决定的原则。除此之外，情报工作还应遵循法治国家所要求的一些最基本的原则，如法治和保障人权原则。对此，我国《国家情报法》第八条也进行了专门规定："国家情报工作应当依法进行，尊重和保障人权，维护个人和组织的合法权益。"

二、明确了我国情报工作的体制机制

《国家情报法》规定，国家建立健全集中统一、分工协作、科学高效的国家情报体制。"集中统一、分工协作、科学高效"十二字要求即是我国情报体制的总体框架，以下分别对十二字要求的内涵进行初步分析。

"集中统一"，集中体现为情报领导制度。《国家情报法》规定，中央国家安全领导机构对国家情报工作实行统一领导，制定国家情报工作方针政策，规划国家情报工作整体发展，建立健全国家情报工作协调机制，统筹协调各领域国家情报工作，研究决定国家情报工作中的重大事项。中央军事委员会统一领导和组织军队情报工作。

"分工协作"，主要体现为三个层面的协作。第一个层面，国家情报工作机构之间的分工协作。《国家情报法》第五条明确规定我国国家情报工作机构分为国家安全机关、公安机关情报机构、军队情报机构，三类情报机构之间要进行分工配合。第二个层面，国家情报工作机构与其他国家机关之间的配合。《国家情报法》规定，各有关国家机关应当根据各自职能和任务分工，与国家情报工作机构密切配合。第三个层面，组织、公民配合国家情报工作机构的工作。《国家情报法》规定，任何组织和公民都应当依法支持、协助和配合国家情报工作，保守所知悉的国家情报工作秘密。

"科学高效"，是对情报工作成效提出的要求。为确保情报工作顺利开展，提高情报工作的质量和效率，《国家情报法》从四个方面规定了保障措施：(1)国家加强国家情报工作机构建设，对其机构设置、人员、编制、经费、资产实行特殊管理，给予特殊保障。(2)国家建立适应情报工作需要的人员录用、选调、考核、培训、待遇、退出等管理制度。(3)该法第二章规定了国家赋予国家情报工作机构的诸多职权。(4)国家情报工作机构应当适应情报工作需要，提高开展情报工作的能力。运用科学技术手段，提高对情报信息的鉴别、筛选、综合和研判分析水平。

三、规定了国家情报工作机构及其工作人员的职权

《国家情报法》明确赋予国家情报工作机构依法使用必要的方式、手段和渠道，在境内外开展情报工作的职权，主要包括五个方面：（1）依法搜集和处理境外机构、组织、个人实施或者指使、资助他人实施的，或者境内外机构、组织、个人相勾结实施的危害国家安全和利益行为的相关情报，为防范、制止和惩治上述行为提供情报依据或者参考；（2）与有关个人和组织建立合作关系，委托开展相关工作；（3）按照国家有关规定，开展对外交流合作；（4）可以要求有关机关、组织和公民提供必要的支持、协助和配合；（5）根据工作需要，采取技术侦察与身份保护措施。[1]

国家情报工作机构人员依法执行任务时，可以行使以下职权。（1）进入限制场所调查、了解询问相关人员和查阅调取资料。国家情报工作机构工作人员依法执行任务时，按照国家有关规定，经过批准，出示相应证件，可以进入限制进入的有关区域、场所，可以向有关机关、组织和个人了解、询问有关情况，可以查阅或者调取有关的档案、资料、物品。（2）通行便利。国家情报工作机构工作人员因执行紧急任务需要，经出示相应证件，可以享受通行便利。（3）依法征用。国家情报工作机构工作人员根据工作需要，按照国家有关规定，可以优先使用或者依法征用有关机关、组织和个人的交通工具、通信工具、场地和建筑物，必要时，可以设置相关工作场所和设备、设施，任务完成后应当及时归还或者恢复原状，并依照规定支付相应费用；造成损失的，应当补偿。（4）免检权。国家情报工作机构根据工作需要，按照国家有关规定，可以提请海关、出入境边防检查等机关提供免检等便利。[2]

---

[1] 参见郭守祥、韩治国，《〈国家情报法〉释放哪些安全"情报"》，载《保密工作》2017年第9期。
[2] 参见中国检察日报社、龙图集团，《2017中国法治蓝皮书》，中国检察出版社2018年版。

四、明确了国家情报工作保障措施

《国家情报法》规定的保障措施,既包括加强情报机构能力建设方面的(在上文对"科学高效"的解释部分进行了介绍),也包括综合保障方面的,以下主要介绍综合保障措施。(1)保护、营救。国家情报工作机构人员,以及有合作关系的人员及其近亲属人身安全受到威胁时,应予以保护、营救。(2)安置。对为国家情报工作作出贡献并需要安置的人员,国家有关部门及国有企事业单位应予以协助。(3)抚恤优待。对因开展国家情报工作或支持、协助和配合国家情报工作而导致伤残或牺牲的人员,按国家有关规定给予抚恤优待。(4)补偿。对因支持、协助和配合国家情报工作的开展导致财产损失的,按国家有关规定给予补偿。(5)表彰奖励。国家对在国家情报工作中作出重大贡献的个人和组织给予表彰和奖励。

五、规定了法律责任

《国家情报法》对四个方面的行为予以规制。(1)违反本法规定,阻碍国家情报工作机构及其工作人员依法开展情报工作的。(2)泄露与国家情报工作有关的国家秘密的。这两种行为都可以由国家情报工作机构建议相关单位给予处分或者由国家安全机关、公安机关处警告或者十五日以下拘留;构成犯罪的,依法追究刑事责任。(3)冒充国家情报工作机构工作人员或者其他相关人员实施招摇撞骗、诈骗、敲诈勒索等行为的,依照《中华人民共和国治安管理处罚法》(以下简称《治安管理处罚法》)的规定给予处罚;构成犯罪的,依法追究刑事责任。(4)国家情报工作机构及其工作人员有超越职权、滥用职权,侵犯公民和组织的合法权益,利用职务便利为自己或者他人谋取私利,泄露国家秘密、商业秘密和个人信息等违法违纪行为的,依法给予处分;构成犯罪的,依法追究刑事责任。

第四节
《中华人民共和国反恐怖主义法》重点内容解读

2015年12月27日,第十二届全国人大常委会第十八次会议通过《中华人民共和国反恐怖主义法》(以下简称《反恐怖主义法》)。2018年4月27日,第十三届全国人大常委会《关于修改〈中华人民共和国国境卫生检疫法〉等六部法律的决定》对该法进行了修正。该法是在总结近年来我国防范和打击恐怖活动的经验、借鉴国外有效做法的基础上制定的,共十章九十七条。该法系统地规定了反恐怖主义工作的基本原则、体制机制、安全防范、情报信息等内容,为我国依法打击恐怖活动提供了坚实的法律支撑和保障。以下简要分析其重点内容。

一、规定了我国反恐怖主义的立场、方针、原则

《反恐怖主义法》规定,我国反恐怖主义的基本立场是:反对一切形式的恐怖主义,依法取缔恐怖活动组织,对任何组织、策划、准备实施、实施恐怖活动,宣扬恐怖主义,煽动实施恐怖活动,组织、领导、参加恐怖活动组织,为恐怖活动提供帮助的,依法追究法律责任。反恐怖主义的工作方针是:将反恐怖主义纳入国家安全战略,综合施策,标本兼治,加强反恐怖主义的能力建设,运用政治、经济、法律、文化、教育、外交、军事等手段,开展反恐怖主义工作。国家反对一切形式的以歪曲宗教教义或者其他方法煽动仇恨、煽动歧视、鼓吹暴力等极端主义,消除恐怖主义的思想基础。反恐怖主义的工作原则是:坚持专门工作与群众路线相结合,防范为主、惩防结合和先发制敌、保持主动的原则。以上仅仅是根据我国多年反恐工作经验总结出来的几项原则,除此之外,还应遵循法治国家提出的一般性原则要求:依法进行,尊重和保障人权,维护公民和组织的合法权益;尊重公民的宗教信仰自由和民族风俗习惯,禁止任何基于地域、民族、宗教等理由的歧视性做法。

二、规定了反恐怖主义工作的体制机制

根据《反恐怖主义法》，反恐怖主义工作的体制机制主要体现在以下几个方面。

1.领导机制。

《反恐怖主义法》规定，国家设立反恐怖主义工作领导机构，统一领导和指挥全国反恐怖主义工作。设区的市级以上地方人民政府设立反恐怖主义工作领导机构，县级人民政府根据需要设立反恐怖主义工作领导机构，在上级反恐怖主义工作领导机构的领导和指挥下，负责本地区反恐怖主义工作。

2.国家机关反恐工作责任制。

《反恐怖主义法》规定，公安机关、国家安全机关和人民检察院、人民法院、司法行政机关以及其他有关国家机关，应当根据分工，实行工作责任制，依法做好反恐怖主义工作。

3.武装力量防范和处置机制。

《反恐怖主义法》规定，中国人民解放军、中国人民武装警察部队和民兵组织依照本法和其他有关法律、行政法规、军事法规以及国务院、中央军事委员会的命令，并根据反恐怖主义工作领导机构的部署，防范和处置恐怖活动。

4.反恐工作联动配合机制。

《反恐怖主义法》规定，有关部门应当建立联动配合机制，依靠、动员村民委员会、居民委员会、企业事业单位、社会组织，共同开展反恐怖主义工作。

5.反恐情报工作机制。

《反恐怖主义法》规定，我国设立国家反恐怖主义情报中心，实行跨部门、跨地区情报信息工作机制，统筹反恐怖主义情报信息工作，地方建立跨部门情报信息工作机制。这一机制可以从两个方面理解：一方面，反恐怖主义情报信息的收集、汇集、分析和研判工作要实现跨部门、跨地区。另一方

面,反恐怖主义情报信息分析、研判的成果要实现按工作需要跨部门、跨地区分享。①

三、规定了如何认定恐怖活动组织和人员

《反恐怖主义法》从以下几个方面进行了规定。(1)认定申请主体。国务院、公安部门、国家安全部门、外交部门和省级反恐怖主义工作领导机构对于需要认定恐怖活动组织和人员的,应当向国家反恐怖主义工作领导机构提出申请。(2)认定主体。国家反恐怖主义工作领导机构根据本法相关规定,认定恐怖活动组织和人员,由国家反恐怖主义工作领导机构的办事机构予以公告。此外,有管辖权的中级以上人民法院在审判刑事案件的过程中,也可以依法认定恐怖活动组织和人员。(3)认定标准。本法第三条明确规定了恐怖主义、恐怖活动、恐怖活动组织、恐怖活动人员、恐怖事件等概念的定义。这一条规定即是国家反恐怖主义工作领导机构和中级以上人民法院的认定标准。(4)救济程序。被认定的恐怖活动组织和人员对认定不服的,可以通过国家反恐怖主义工作领导机构的办事机构申请复核。国家反恐怖主义工作领导机构应当及时进行复核,作出维持或者撤销认定的决定。复核决定为最终决定。

四、规定了安全防范措施

《反恐怖主义法》主要规定了四个方面的防范措施。

1.基础防范措施。

包括反恐怖主义宣传教育,电信、互联网服务提供者进行网络管控,物流运营单位的安全查验及信息登记,电信、互联网、金融、住宿、长途客运、机动车租赁等业务经营者、服务提供者的客户身份查验制度,枪支等武器、

---

① 参见《国家安全法律知识读本:注解版》,中国法制出版社2018年版,第107页。

弹药、管制器具、危险化学品、民用爆炸物品、核与放射物品、传染病病原体等物质监督管理制度，防范恐怖主义融资制度，反恐怖主义工作对城乡规划、技防物防的要求，等等。

2.禁止极端主义。

包括三个层面的内容：（1）对宣扬极端主义的处理。公安机关和有关部门对宣扬极端主义，利用极端主义危害公共安全、扰乱公共秩序、侵犯人身财产、妨害社会管理的，应当及时予以制止，依法追究法律责任。（2）对极端主义活动的处理。公安机关发现极端主义活动的，应当责令立即停止，将有关人员强行带离现场并登记身份信息，对有关物品、资料予以收缴，对非法活动场所予以查封。（3）报告义务。任何单位和个人发现宣扬极端主义的物品、资料、信息的，应当立即向公安机关报告。

3.重点目标保护。

包括三个层面的内容：（1）重点目标的确定和备案。公安机关应当会同有关部门，将遭受恐怖袭击的可能性较大以及遭受恐怖袭击可能造成重大的人身伤亡、财产损失或者社会影响的单位、场所、活动、设施等确定为防范恐怖袭击的重点目标，报本级反恐怖主义工作领导机构备案。（2）重点目标管理单位的安全防范职责。包括制定防范和应对处置恐怖活动的预案、措施，定期进行培训和演练；建立反恐怖主义工作专项经费保障制度，配备、更新防范和处置设备、设施；指定相关机构或者落实责任人员，明确岗位职责；实行风险评估，实时监测安全威胁，完善内部安全管理；定期向公安机关和有关部门报告防范措施落实情况；对重点目标同步设计、同步建设、同步运行技防、物防设备、设施；对重要岗位人员进行安全背景审查，对有不适合情形的人员，应当调整工作岗位，并将有关情况通报公安机关。（3）公安机关和有关部门的职责。公安机关和有关部门应当掌握重点目标的基础信息和重要动态，指导、监督重点目标的管理单位履行防范恐怖袭击的各项职责。公安机关、中国人民武装警察部队应当依照有关规定对重点目标进行警戒、巡逻、检查。

4.国（边）境管控与防范境外风险。

《反恐怖主义法》规定了四个方面的内容：（1）国（边）境管理。包括在重点国（边）境地段和口岸设置拦阻隔离网、视频图像采集和防越境报警设施，严密组织国（边）境巡逻，对抵离国（边）境前沿、进出国（边）境管理区和国（边）境通道、口岸的人员、交通运输工具、物品，以及沿海沿边地区的船舶进行查验。（2）出入境监管。出入境证件签发机关、出入境边防检查机关对恐怖活动人员和恐怖活动嫌疑人员，有权决定不准其出境入境、不予签发出境入境证件或者宣布其出境入境证件作废。海关、出入境边防检查机关发现恐怖活动嫌疑人员或者涉嫌恐怖活动物品的，应当依法扣留，并立即移送公安机关或者国家安全机关。（3）境外利益保护。国务院外交、公安、国家安全、发展改革、工业和信息化、商务、旅游等主管部门应当建立境外投资合作、旅游等安全风险评估制度，对中国在境外的公民以及驻外机构、设施、财产加强安全保护，防范和应对恐怖袭击。（4）驻外机构安全防范。驻外机构应当建立健全安全防范制度和应对处置预案，加强对有关人员、设施、财产的安全保护。

五、关于情报信息与调查

关于情报信息工作，《反恐怖主义法》规定了四个方面内容。

1.依靠群众，加强基层基础工作，建立基层情报信息工作力量。

2.公安机关、国家安全机关、军事机关在其职责范围内，因反恐需要，可采取技术侦察措施。

3.有关部门应当提供在安全防范工作中获取的信息。

4.国家反恐怖主义情报中心等部门对情报信息进行筛选、研判、核查、监控，在此基础上可采取相应的安全防范、应对处置措施。

关于公安机关对恐怖活动嫌疑的调查权，《反恐怖主义法》规定了几个方面内容：盘问、检查、传唤，提取或者采集肖像、指纹、虹膜图像等人体生物识别信息和血液、尿液、脱落细胞等生物样本，并留存其签名，询问有关人员，向有关单位和个人收集、调取相关信息和材料，查封、扣押、冻结存款、汇款、债券、股票、基金份额等财产，对恐怖活动嫌疑人员采取约束措施。

六、关于应对处置

总结近年来应对处置恐怖事件的经验教训，《反恐怖主义法》对应对处置机制、措施和恢复社会秩序等作了四方面规定：（1）国家建立健全恐怖事件应对处置预案体系，明确应对处置的指挥长负责制和先期指挥权；（2）应对处置恐怖事件，应当优先保护直接受到恐怖活动危害、威胁人员的人身安全；（3）规定了可以采取的各项应对处置措施，并对使用武器的条件、信息发布等作了规定；（4）为尽快恢复社会秩序，降低并消除恐怖事件的影响，该法对恢复生产生活、查明真相、补偿援助、优先重建、总结评估等作了规定。

七、规定了开展反恐怖主义国际合作的内容

关于反恐国际合作，《反恐怖主义法》规定了以下四个方面的内容：（1）开展反恐怖主义国际合作的依据，可以是我国缔结或参加的国际条约，也可以是平等互惠原则；（2）开展国际合作的主体，可以是国务院授权的中央有关部门，也可以是国务院或中央有关部门批准的边境地区的县级以上地方人民政府及其主管部门；（3）开展国际合作的内容，包括反恐怖主义政策对话、情报信息交流、执法合作和国际资金监管合作；（4）对国务院公安部门、国家安全部门、中国人民解放军、中国人民武装警察部队派员出境执行反恐怖主义任务进行了规定。

第五节
《中华人民共和国网络安全法》重点内容解读

2016年11月7日,第十二届全国人大常委会第二十四次会议通过了《中华人民共和国网络安全法》(以下简称《网络安全法》)。该法提出我国致力于"推动构建和平、安全、开放、合作的网络空间,建立多边、民主、透明的网络治理体系"。这是我国第一次通过国家法律的形式向世界宣示网络空间治理目标,提高了我国网络治理公共政策的透明度,有利于提升我国对网络空间的国际话语权和规则制定权。该法共七章七十九条,在内容方面有六个突出的亮点:(1)确立了我国网络空间主权原则;(2)规定了网络产品和服务提供者、网络运营者保证网络安全的法定义务;(3)明确了政府职能部门的监管职责,完善了监管体制;(4)强化了网络运行安全,明确了重点保护对象为关键信息基础设施,彰显了个人信息保护原则;(5)明确规定了网络产品和服务、网络关键设备和网络安全产品的强制性要求的准则;(6)强化了危害网络安全责任人处罚。[1]

一、明确了网络空间主权原则

《网络安全法》确立了三项基本原则:网络空间主权原则、网络安全与信息化发展并重原则、共同治理原则[2]。《网络安全法》第一条开宗明义,将维护网络空间主权作为立法的最重要目的之一。网络主权理论源于《联合国宪章》关于国家间主权平等的规定,网络空间与一国的领空、领海一样,都是国家主权的延伸。尊重网络主权就是尊重国家主权,就是不搞网络霸权,不利用网络干涉他国内政和从事、纵容或支持危害他国国家安全的行为。网络

---

[1] 参见张启浩、谢力,《〈中华人民共和国网络安全法〉解读》,载《智能建筑》2017年第9期。
[2] 参见孟璐,《网络空间法治化建设探讨——兼析我国〈网络安全法〉》,载《重庆科技学院学报(社会科学版)》2018年第5期。

主权论作为推动全球互联网治理体系变革的原则基础,经过中国互联网实践三十多年的经验总结,通过《网络安全法》已经完全进入法律制度层面[①]。第二条明确规定《网络安全法》适用于我国境内网络以及网络安全的监督管理。这是我国网络空间主权对内最高管辖权的具体体现。

二、明确了网络产品和服务提供者、网络运营者的安全义务

《网络安全法》将原来散见于各种法规、规章中的规定上升到法律层面,对网络运营者等主体的义务和责任作了全面规定,包括守法义务、遵守社会公德、商业道德义务等。(1)关于网络产品和服务提供者的安全义务,该法规定:网络产品、服务应当符合相关国家标准的强制性要求。网络产品、服务的提供者不得设置恶意程序;发现其网络产品、服务存在安全缺陷、漏洞等风险时,应当立即采取补救措施,按照规定及时告知用户并向有关主管部门报告。网络产品、服务的提供者应当为其产品、服务持续提供安全维护;在规定或者当事人约定的期限内,不得终止提供安全维护。(2)关于网络运营者的安全义务,该法规定:网络运营者开展经营和服务活动,必须遵守法律、行政法规,尊重社会公德,遵守商业道德,诚实信用,履行网络安全保护义务,接受政府和社会的监督,承担社会责任。

三、明确了政府职能部门的监管职责

《网络安全法》将现行的网络安全监管体制法治化,将制度上升为法律,用法律条款明确规定了网信部门与其他相关网络监管部门的职责分工。第八条规定,国家网信部门负责统筹协调网络安全工作和相关监督管理工作。国务院电信主管部门、公安部门和其他有关机关依照本法和有关法律、行政法规的规定,在各自职责范围内负责网络安全保护和监督管理工作。这种一个

[①] 参见朱巍,《论互联网的精神》,中国政法大学出版社2018年版,第95页。

183

部门牵头、多部门协同的监管体制，符合当前互联网与现实社会全面融合的特点，满足了我国监管需要，解决了监管工作分工不明、权责不清的现实问题，对提高监管效率和治理效果具有积极意义。

四、健全了关键信息基础设施、个人信息保护制度

《网络安全法》第三章用了三分之一的篇幅规范网络运行安全，强调要保证关键信息基础设施的运行安全。网络运行安全是网络安全的重心，关键信息基础设施安全则是重中之重，与国家安全和社会公共利益息息相关。之所以要将关键信息基础设施安全置于国家主权层面的安全高度，是因为这些信息基础设施安全涉及国计民生和国民根本利益。我国《网络安全法》第三十一至三十九条分别对关键信息基础设施的类别、责任主体、性能维护、安全义务类型、审查机制、保密措施、数据存储、安全评估和部门协调责任等方面进行了详细规定。[1]其中，第三十七条规定重构了数据跨境传输的规则，我国开始基于网络主权原则对数据跨境传输进行法律限制：一是通过对个人信息和重要数据本地化存储的立法，加强对数据跨境流动的控制和管辖；二是规制的主体是关键信息基础设施的运营者；三是数据跨境流动的安全评估机制，即如果遇有特殊情况，需要数据境外跨境流动时，应当按照网信主管部门制定的办法进行安全评估。[2]

《网络安全法》在如何更好地对个人信息进行保护这一问题上有了相当大的突破，首次在法律层面规定了个人信息保护的基本原则。一方面，它确立了网络运营者在收集与使用个人信息过程中的合法、正当和必要原则。形式上，进一步要求通过公开收集和使用规则，明示收集、使用信息的目的、方式和范围，经被收集者同意后方可收集和使用数据。另一方面，《网络安全法》加大了对网络诈骗等不法行为的打击力度，特别对网络诈骗严厉打击的

---

[1]参见朱巍，《论互联网的精神》，中国政法大学出版社2018年，第95页。
[2]参见王春晖，《〈网络安全法〉六大法律制度解析》，载《南京邮电大学学报(自然科学版)》2017年第1期。

相关内容，切中了个人信息泄露乱象的要害，充分体现了保护公民合法权利的立法原则。此外，针对目前个人信息非法买卖和非法分享的乱象，《网络安全法》规定了未经被收集者同意，网络运营者不得泄露、篡改和毁损其收集的个人信息的义务。[1]

五、规定了网络产品和服务、关键设备、安全产品的强制性要求

《网络安全法》第二十二条规定："网络产品、服务应当符合相关国家标准的强制性要求。"第二十三条规定："网络关键设备和网络安全专用产品应当按照相关国家标准的强制性要求，由具备资格的机构安全认证合格或者安全检测符合要求后，方可销售或者提供……"这两条规定是对设备安全的强制性要求，实践中必须贯彻落实，特别是在政府采购招标中应当将其纳入资格性要求中贯彻落实[2]。目前国家行政管理制度中正在执行的信息安全专用产品强制规定有三种：（1）计算机信息系统安全专用销售许可证（公安部颁发）；（2）国家信息安全产品认证证书（中国信息安全认证中心）；（3）信息技术产品安全测评证书、涉密信息系统产品检测证书，即将施行的网络安全审查制度。

六、强化了危害网络安全责任人处罚

在第六章"法律责任"部分，《网络安全法》用17个条文对违法行为如何处理作了规定，可从承担法律责任的主体类型、法律责任类型、处罚种类三个方面予以把握。（1）承担法律责任的主体类型包括特定责任主体（如网络运营者、网络服务提供者等）、不特定主体（如从事危害网络安全活动的个

---

[1] 参见张璟，《〈网络安全〉十大亮点解读一文看清互联网信息泄露来龙去脉》，载《计算机与网络》2017年第12期。
[2] 参见张启浩、谢力，《〈中华人民共和国网络安全法〉解读》，载《智能建筑》2017年第9期。

人和组织)、监管责任主体。(2)应承担法律责任的类型包括未履行网络运行安全义务的法律责任、未履行网络产品和服务安全义务的法律责任、违反用户身份管理规定的法律责任、违法开展网络安全服务活动的法律责任、侵犯个人信息权利的法律责任、违反关键信息基础设施采购国家安全审查规定的法律责任、未履行信息安全管理义务的法律责任、对违法行为人的信用惩戒、执法部门渎职的法律责任等。(3)处罚的种类包括行政处罚、经济处罚、刑事处罚。

第六节
《中华人民共和国境外非政府组织境内活动管理法》重点内容解读

2016年4月28日,第十二届全国人大常委会第二十次会议通过《中华人民共和国境外非政府组织境内活动管理法》(以下简称《境外非政府组织境内活动管理法》)。2017年11月4日,第十二届全国人大常委会第三十次会议对《境外非政府组织境内活动管理法》作出修改,删去第二十四条中"聘请具有中国会计从业资格的会计人员依法进行会计核算"的内容。《境外非政府组织境内活动管理法》共七章五十四条,包括总则、登记和备案、活动规范、便利措施、监督管理、法律责任、附则等,以下简要介绍其重点内容。

一、明确了对境外非政府组织的管理体制

《境外非政府组织境内活动管理法》明确对境外非政府组织实施"双重管理体制",境外非政府组织在我国境内开展活动的同时受到登记管理机关和业务主管部门的监督管理。该法规定,国务院公安部门和省级人民政府公安机关为境外非政府组织在境内开展活动的登记、管理机关,负责境外非政府组织代表机构的登记、年度检查,境外非政府组织临时活动的备案,对境外非政府组织及其代表机构的违法行为进行查处;国务院有关部门和单位及省级人民政府有关部门和单位,是境外非政府组织在中国境内开展活动的业务主管单位,对境外非政府组织设立代表机构、变更登记事项、年度工作报告提出意见,指导、监督非政府组织及其代表机构依法开展活动,协助公安机关等部门查处境外非政府组织及其代表机构的违法行为。此外,该法还规定国家建立境外非政府组织监督管理工作协调机制,负责研究、协调、解决境外非政府组织在中国境内开展活动监督管理和服务便利中的重大问题,目前该机构已经成立。[1]

---

[1] 参见马剑银,《〈境外非政府组织境内活动管理法〉的制定与实施》,载《社会体制蓝皮书:中国社会体制改革报告(2017)》,社会科学文献出版社2017年版,第262—272页。

二、明确了境外非政府组织开展活动的形式

《境外非政府组织境内活动管理法》明确了境外非政府组织在我国境内开展活动的两种途径：一种为依法登记设立代表机构，另一种为临时活动备案。登记设立代表机构的，经依法申请并获准登记之后，凭代表机构登记证书依法办理税务登记、刻制印章，在中国境内开立银行账户。未设立代表机构的境外非政府组织，则需要与境内的中方合作单位合作开展临时活动。若要开展临时活动的，则需要中方合作单位按照国家规定办理审批手续，并到登记管理机关备案。

三、规范了境外非政府组织在我国境内的活动

《境外非政府组织境内活动管理法》规定，境外非政府组织在我国境内活动应遵守的法律义务包括：遵守我国法律，不得危害中国的国家统一、安全和民族团结，不得损害中国国家利益、社会公共利益和公民、法人以及其他组织的合法权益；不得从事或者资助营利性活动、政治活动，不得非法从事或者资助宗教活动；以登记的名称，在登记的业务范围和活动区域内开展活动；不得在中国境内设立分支机构，国务院另有规定的除外；不得对中方合作单位、受益人附加违反中国法律法规的条件；不得取得或者使用规定以外的资金；不得在中国境内进行募捐；向社会公开年度工作报告；接受公安机关、有关部门和业务主管单位的监督管理；等等。

四、规定了为境外非政府组织在我国境内开展活动提供的便利措施

《境外非政府组织境内活动管理法》规定，国家保障和支持境外非政府组织在中国境内依法开展活动，并为其开展活动提供必要的便利和服务。（1）为

解决登记难问题，制定境外非政府组织活动领域和项目目录，公布业务主管单位目录，为境外非政府组织开展活动提供指引。（2）县级以上人民政府有关部门为境外非政府组织提供政策咨询、活动指导服务，公布申请登记和临时活动备案的程序供境外非政府组织查询。（3）依法享受税收优惠。（4）境外人员担任代表的，依法办理就业等工作手续。

五、赋予了相关国家机关监督管理职权

《境外非政府组织境内活动管理法》赋予了登记管理机关在法定情形下可以采取行政强制措施的权限，包括：约谈境外非政府组织代表机构的首席代表以及其他负责人，现场检查，询问相关当事人，查询、复制甚至封存有关资料，查封与扣押，冻结银行账户。其他诸如国家安全、外交外事、财政、金融监管、海关、税务、外国专家和反洗钱主管部门等，也在其职责范围之内对于境外非政府组织境内开展的活动依法实施监督管理。

六、规定了境外非政府组织违法后应承担的法律责任

对境外非政府组织的处罚包括警告、责令限期停止活动、没收非法财物和违法所得、吊销登记证书、取缔临时活动等。此外，值得注意的是"黑名单"制度，该法第四十八条规定，对有分裂国家、破坏国家统一、颠覆国家政权等犯罪情形的境外非政府组织，国务院公安部门可以将其列入不受欢迎的名单，不得在中国境内再设立代表机构或者开展临时活动。对直接责任人员的处罚包括警告、行政拘留、追究刑事责任等，对于境外人员违反本法规定的，可以依法限期出境、遣送出境或者驱逐出境。

第七节
《中华人民共和国核安全法》重点内容解读[1]

2017年9月1日,第十二届全国人大常委会第二十九次会议通过《中华人民共和国核安全法》(以下简称《核安全法》)。该法旨在保障核安全,预防与应对核事故,安全利用核能,保护公众和从业人员的安全与健康,保护生态环境,促进经济社会可持续发展。《核安全法》在法律层面对核安全的基本原则、制度及监督管理体制等重大问题作出规定。

一、明确国家坚持理性、协调、并进的核安全观

《核安全法》明确规定,要加强核安全能力建设,保障核事业健康发展,强调从事核事业必须遵循确保安全的方针。明确国家坚持理性、协调、并进的核安全观,要求核安全工作必须坚持安全第一、预防为主、责任明确、严格管理、纵深防御、独立监管、全面保障的原则。"理性"旨在突出核能事业安全与发展之间的辩证关系,"协调"旨在阐明核安全领域国家自主与国际合作的关系,"并进"旨在阐明四个方面的并重:发展与安全并重、权利与义务并重、自主与协作并重,以及治标与治本并重。[2]

二、明确各相关主体的核安全责任

《核安全法》明确规定,核设施营运单位对核安全负全面责任。核设施营运单位应当具备保障核设施安全运行的能力,应设置核设施纵深防御体系,有效防范技术原因、人为原因和自然灾害造成的威胁,确保核设施安全。应当对核设施进行定期安全评价,并接受国务院核安全监督管理部门的审查。

---

[1]参考中国检察日报社、龙图集团,《2017中国法治蓝皮书》,中国检察出版社2018年版。
[2]参见《国家安全法律知识读本:注解版》,中国法制出版社2018年版,第258页。

第四章 公民维护国家安全必读法律法规选录

为核设施营运单位提供设备、工程以及服务等的单位,也应当负相应责任。国务院核安全监督管理部门负责核安全的监督管理。任何单位和个人不得危害核设施、核材料安全。值得注意的是,核安全管理工作涉及国务院核安全监督管理部门、核工业主管部门、能源主管部门和公安部门、卫生主管部门、交通主管部门等多个部门职能,有必要建立国家核安全协调机制,统筹相关工作,形成合力,保障核安全。[1]《核安全法》第六条第三款也对此作出规定:"国家建立核安全工作协调机制,统筹协调有关部门推进相关工作。"

三、明确核安全事故的应急制度

在管理制度上,《核安全法》明确规定,国家根据核设施的性质和风险程度等因素,对核设施实行分类管理。同时明确规定,国家建立核设施安全许可制度、建立放射性废物管理许可制度。除了法律规定的四种特定情形,核设施建造许可证的有效期不得超过10年。有效期届满,需要延期建造的,应当报国务院核安全监督管理部门审查批准。特别值得注意的是,《核安全法》针对核事故应急准备与响应制度作出了详细规定,包括对核事故应急预案、应急演练、应急经费保障、应急救援、应急信息发布、事故调查等内容。

四、强化信息公开和公众参与

《核安全法》明确规定,国务院有关部门及核设施所在地省、自治区、直辖市人民政府指定的部门应当在各自职责范围内依法公开核安全相关信息。国务院核安全监督管理部门应当依法公开与核安全有关的行政许可,以及核安全有关活动的安全监督检查报告、总体安全状况、辐射环境质量和核事故等信息。核设施营运单位应当公开本单位核安全管理制度和相关文件、核设施安全状况、流出物和周围环境辐射监测数据、年度核安全报告等信息。对

---

[1] 参见《国家安全法律知识读本:注解版》,中国法制出版社2018年版,第261页。

依法公开的核安全信息，应当通过政府公告、网站以及其他便于公众知晓的方式，及时向社会公开。特别强调的是，核设施营运单位和核设施所在地省、自治区、直辖市人民政府应当就涉及、影响公众利益的重大核安全事项通过问卷调查、听证会、论证会、座谈会，或者采取其他形式征求利益相关方的意见，并以适当形式反馈。

此外，《核安全法》还专章规定了法律责任，对相关责任人可以依法给予处分、治安管理处罚等，对相关单位可以责令改正、给予警告、处20万元以上100万元以下的罚款、责令停止建设或者停产整顿等。违反本法规定，构成犯罪的，依法追究刑事责任。

参考书目

1.《总体国家安全观干部读本》编委会.总体国家安全观干部读本[M].北京：人民出版社，2016.

2.《总体国家安全观教育读本》编写组.总体国家安全观教育读本[M].北京：光明日报出版社，2016.

3. 杨毅.国家安全战略理论[M].北京：时事出版社，2008.

4.《法学基础理论》编写组.法学基础理论[M].北京：法律出版社，1982.

5. 马克思，恩格斯.马克思恩格斯选集[M].北京：人民出版社，1966.

6. 邓小平.邓小平文选第二卷[M].北京：人民出版社，1994.

7. 邹瑜，顾明.法学大辞典[M].北京：中国政法大学出版社，1991.

8. 李竹.中国国家安全法学[M].北京：人民出版社，2006.

9. 李竹，肖君拥.国家安全法学[M].北京：法律出版社，2019.

10. 全国人大常委会法制工作委员会国家法室.中华人民共和国国家安全法解读［M］.北京：中国法制出版社，2016.

11. 中共海南省委国家安全委员会.国家安全法律法规汇编[J].2021.

12. 王京建.国家安全法学教程[M].北京：中国社会出版社，2008.

13. 尚伟.总体国家安全观[M].北京：人民日报出版社，2020.

14. 王建平.公民安全、社会安全与国家安全[M].成都：四川大学出版社，2017.

15. 全国干部培训教材编审指导委员会.全面践行总体国家安全观[M].北京：党建读物出版社，2019.

16. 李龙.法理学[M].武汉：武汉大学出版社，1996.

17. 胡旭晟，蒋先福.法理学[M].长沙：湖南人民出版社，2001.

18. 苏惠渔.刑法学[M].北京：中国政法大学出版社，1997.

19. 陈兴良.法治的使命[M].北京：法律出版社，2001.

20. 杨海坤.跨入21世纪的中国行政法学[M].北京：中国人事出版社，2000.

21. 全国人大常委会法制工作委员会刑法室.《中华人民共和国国家安全法》释义[M].北京：法律出版社，1993.

22. 〔德〕弗兰茨·奥本海，沈蕴芳，王燕生.论国家[M].北京：商务印书馆，1994.

23. 〔奥〕凯尔森，沈宗灵.法与国家的一般理论[M].南京：南京大学出版社，1990.

24. 〔英〕詹宁斯，王铁崖，等.奥本海国际法[M].北京：中国大百科全书出版社，1995.

25. 韩燕煦.论条约在中国国内的适用//朱晓青，黄列.国际条约与国内法的关系[J].北京：世界知识出版社，2000年.

26. 李罡.入世后最大的变化将是法律环境[N].北京青年报，2001-11-13.

后 记

"坐地日行八万里,巡天遥看一千河。"随着党的二十大隆重召开和胜利闭幕,中华民族步入了实现中国特色社会主义现代化强国的新时代。在党中央的坚强领导下,亿万华夏儿女齐心协力团结奋斗,经过三年艰苦卓绝的抗争,取得了战胜新冠病毒的重大胜利。神州大地万物复苏,欣欣向荣,朝气蓬勃,令人欣慰,催人奋进。然而,我们所在的地球村亦时常传来与当下世人所期盼宁静祥和氛围极不协调合拍的杂音和噪声。以美国为首的北约不断向乌克兰拱火,致使俄乌冲突愈演愈烈;面对因不可抗力之故而意外飘浮到北美空域的中国民用气球,美国竟无视中方的反复告知和说明悍然动用战斗机和导弹直接予以摧毁,其恣意践踏国际法规则和歇斯底里的疯狂行为令人发指;日美狼狈为奸,相互勾结,罪恶的黑手不断伸向台海,严重干涉着中国的内政,威胁了我国的主权和安全……当下的美国,面对中国的和平崛起如临大敌,惶惶不可终日,视中国为其称霸世界,欺压全球的最大障碍和对手,欲将我置之死地而后快,真可谓树欲静而风不止。此时此刻,全面提升国家安全意识、提高自身履行维护国家安全法定责任和义务的能力,对于国家安全法律关系主体之一的广大公民而言已然是一件势在必行、刻不容缓的大事要事!

新年伊始,第九个"全民国家安全教育日"即将到来之际,为助力这一重要活动取得更广泛和深入的效果,编撰一部面向社会大众的、内容简明、易读,且具有专业性、系统性的国家安全知识图书,以帮助广大读者建立国家安全的概念,了解维护国家安全的意义及其重要性,增强维护国家安全的意识,提高维护国家安全的能力,一方面是件十分有价值和意义的事情,另一方面又实在不是件易事。身为国安战线的一名老战士,自觉能够承担这一任务是一种无上的光荣和无比的幸福。事实上,自己算不上法学领域的资深专家，能够敢于挑起这副重担，皆是出于一种责无旁贷的本能。在昼夜挥笔，连轴加班撰稿编著的过程中，自身的法学知识无论是基础理论抑或实践认知都受到了一次全面的检验、锤炼和提升。国家安全法学领域诸多专家学者和前辈们迄今在相关知识板块和学术领域业已成功的专著、教材、论文、研究成果，给予本书的编撰工作许多启发、借鉴、帮助和指导。例如：孙国华老师主编的《法学基础理论》，李竹、肖君拥老师主编的《国家安全法学》，郑淑娜老师主编的《中华人民共和国国家安全法解读》，王京建老师所著的《国家安全法学教程》，尚伟老师所著的《总体国家安全观》，王建平老师所著的《公民安全、社会安全与国家安全》，全国干部培训教材编审指导委员会编写的《全面践行总体国家安全观》，《总体国家安全观干部读本》编委会编著的《总体国家安全观干部读本》，《总体国家安全观教育读本》编写组编著的《总体国家安全观教育读本》，杨毅老师主编的《国家安全战略理论》，李竹老师所著的《国家安全立法研究》，等等。上述相关既有成果，或以观点的引用，或以理论的借鉴，或以内容的援引，被不同程度地直接充实到了本书之中。所有这些，除了在被引用之具体章节中均已逐一作出相应的注释外，在此深表感谢！

　　在百年未有之大变局尖锐复杂的国际斗争环境中，维护我国国家安全，是中国特色社会主义建设事业顺利进行，实现国家长治久安和中华民族伟大复兴的重要保障。因此，普遍提高全民族成员维护国家安全的公民意识和法律水平的重要性怎么强调都不过分。为了服务和适应社会大众不同层面读者的学习之需，本书在注重通俗易懂的同时兼顾了以总体国家安全观为立法根本遵循的《国家安全法》所涉知识的全面、完整和系统性。其中：第一章，着重讲述国家安全的概念和定义，并系统介绍了国家安全视为根本遵循的总体国家安全观，此乃全书的基础知识铺垫，亦是作为一名新时代共和国合格公民所不可或缺的国家安全法律知识基础。在这部分内容的撰稿中，着重借鉴参考了全国干部培训教材编审指导委员会编写的《全面践行总体国家安全观》。第二章，围绕国家安全法律规范，着重讲述总体国家安全观视野下，国家安全法律规范所涉及的各领域实现国家安全规定性要求的基本内容。在这

后　记

部分的撰稿中，着重参考借鉴了中国法制出版社2016年出版的、由郑淑娜老师主编的《中华人民共和国国家安全法解读》，法律出版社2019年出版，李竹、肖君拥老师主编的《国家安全法学》。第三章，重点讲述了公民（包括组织）维护国家安全的法定义务和权利之具体内容，意在帮助广大读者搞清楚弄明白自己在维护国家安全中义不容辞的责任、义务、使命和担当所在。在这部分内容的撰稿中，着重借鉴参考了《总体国家安全观教育读本》等资料。第四章，在介绍现行国家安全法律法规体系各规范性文件的同时，着重对《反间谍法》等六部重要的国家安全法律法规作了简介，以帮助读者全面了解我国国家安全法律规范体系的基本内容和相关要求。在这部分内容的撰稿中，着重参考借鉴了中共海南省委国家安全委员会2021年印发的《国家安全法律法规汇编》。本书的撰稿中，在全部内容的编排方面，力争实现前后衔接，相互连贯，层层递进，步步深入。在语言表达方面，注意深入浅出，融会贯通，具有可读性，努力使读者通过阅读自学也能读通、读懂，悉数掌握相关知识要点。与此同时，因受时间的制约，全书相关章节中有关阅读链接的内容不尽饱满，从而使原来可以更加生动具有可读性的内容略显沉闷而有失生动。这些都是我们在今后的具体任务中需要加以不断调整和充实提高的方面。鉴于自身能力和水平的局限，对本书中存有的缺陷、缺点、不足和错误之处恳请各位读者批评指正（收受广大读者意见的电子邮箱地址为：gawkq@126.com或137374385@qq.com），对来自大家的宝贵意见，将在未来适当之机对本书再作修订和改正，以与时俱进的精神状态适应日新月异的形势发展，进而为维护国家安全竭尽自身绵薄之力！

因部分文字的来源无法追溯作者,请主动与本书作者联系,以便奉寄稿酬!